Una nueva paternidad

AUTORES:

Mireia Long
Armando Bastida Torres
Alejandro Busto Castelli
Elvis Canino
Carlos Costa Portela
Álvaro Espejo
José Ernesto Juan
Ramón Soler

Dirección Editorial: Mireia Long

EDITORIAL PEDAGOGÍA BLANCA

Copyright © 2013

All rights reserved.

ISBN: 978-84-941741-0-0

EDITORIAL PEDAGOGÍA BLANCA

Índice

ÍNDICE 3
PRÓLOGO 7
    Carlos González 7
INTRODUCCIÓN 9
    Mireia Long 9
ARMANDO BASTIDA TORRES 23
    Érase una vez un pringao que se dejaba llevar por la corriente 23
    Tras el centrifugado, reescribiendo mi escala de valores 27
    El manual de instrucciones de los niños 30
    ¿Haciendo todo lo que el niño quiere? 34
    Pero en el futuro... 39
    Los golpes que recibimos 41
    ¿Y cómo son mis hijos? 43
    Y es tan reconfortante 48
ALEJANDRO BUSTO CASTELLI 51
    Los Asesinos de Peter Pan 51
        El hombre que soy a través del niño que fui 51
        El viaje hacia el "hombrecito" 54
        Los miedos de los hombres 57
        Corresponsabilidad: La revolución en marcha 62
        El papel de ellas: ¿La mujer un obstáculo para nuestra implicación? ... 67
    El perro verde 72
    El otro nacimiento 76
    Yo quiero escurrir lechugas. 80
    Las tetas de Papá tienen pelos 91
ELVIS CANINO 99
    Escuchando al corazón 99
    Creo 104
    Reconectándoos con la magia 105
    Los niños no deben… 108
    El camino que nunca olvidé 110
    Los niños deben… 113
    Papá, un bastión emocional 114
    Cuando más te necesito 118
    Nuestros mejores maestros 119

UNA NUEVA PATERNIDAD

    Tiempo de calidad en familia 124
    Una revolución paternal 134

CARLOS COSTA PORTELA 139
    Despiértate, papá 139
        "¿Y si se acostumbra y no quiere irse nunca?" 141
        "¿Y qué pasa con el sexo?" 142
        Señor Estivill, creo que le he pillado 144
    El defensor de la díada 147
        Podéis pasar a pedir disculpas 151
    Se necesitan hombres 153
        La infinita influencia de un padre 157

ÁLVARO ESPEJO 159
    Reflexiones 159
    Quiero que sepas 161
    Sol colombiano 165
    IF; SI 168

JOSE ERNESTO JUAN 171
    Te doy una canción 171
    Mis contracciones 175
    Duérmete dulce niño 182
    Traición 184
    Bollito de Canela 188
    A mis madres 193

RAMÓN SOLER 197
    Reconocimiento a las madres 197
    El papel del padre en la crianza del s.XXI 199
        Padres confusos 200
        El nuevo rol del padre 202
        El mecánico de Fernando Alonso 204
        Padre y madre unidos 206
    El padre en las distintas etapas de la crianza. Ejemplos positivos y negativos 207
        Preconcepción 207
        Embarazo 209
        Parto 211
        Lactancia y puerperio 214
        Crianza (a partir de los 2/3 años) 215
    Cuando una pareja se rompe al tener un bebé 217
        La pareja antes de tener un bebé 217
        La madre no puede encargarse de "dos bebés" 219
        Trabajo interior o ruptura, ambas opciones son válidas. 220

UNA NUEVA PATERNIDAD

La paternidad ayuda a superar los esquemas dañinos de nuestra infancia. 222
    Uno no cría como quiere, sino como puede. *223*
    Un constante proceso de aprendizaje. *225*
Padre antiguo, padre nuevo. 229
    Un ejemplo personal *233*

EPÍLOGO..**237**
Mireia Long 237

BIOGRAFÍAS **239**
Armando Bastida Torres 240
Alejandro Busto Castelli 241
Elvis J. Canino O. 242
Carlos Costa Portela 243
Álvaro Espejo Ruiz 244
Mireia Long 245
Ramón Soler 246
José Ernesto Juan Vidal 247

UNA NUEVA PATERNIDAD

Prólogo

Carlos González

Los padres varones fuimos apartados de la crianza de nuestros hijos, especialmente a partir de la revolución industrial. Nos sacaron del taller artesanal, que estaba en el portal de nuestra casa, o de los campos de labranza vecinos, donde estábamos en contacto continuo con nuestra esposa e hijos, y nos enviaron a una lejana fábrica o a una lejana oficina, donde pasamos ocho (o muchas más) horas al día separados de nuestros seres queridos. Nos ofrecieron una nueva identidad, definida no por nuestra vida real, sino por nuestra vida laboral (y si alguien nos pregunta "¿qué eres?" contestaremos "taxista", "médico", "carpintero" o "comercial", en vez de contestar "persona", "esposo", "padre", "aficionado a la música" o "socio del Betis"). El trabajo era originariamente lo que hacíamos para "ganarnos la vida"; teníamos claro que el trabajo es una cosa y la vida otra. Pero hemos acabado creyéndonos que la vida es el trabajo, convirtiéndonos en el señor que llega tarde a casa, riñe a los que han sido malos ("¡verás cuando llegue tu padre!") y da el beso de buenas noches.

Pero muchos nos hemos dado cuenta de que nos falta algo. No queremos aceptar ese papel que la sociedad nos reservaba. Queremos implicarnos plenamente en nuestra familia, queremos vivir de verdad. Y al ser padres nos damos cuenta de que nada de lo que hemos hecho antes o de lo que podremos llegar a hacer en el futuro es tan importante como amar y cuidar a nuestros hijos. Es lo más trascendente, tal vez lo único trascendente. Cuando el fruto de nuestro trabajo, los objetos que construimos, las casas que edificamos o los libros que escribimos hayan vuelto al polvo, los hijos de los hijos de nuestros hijos poblarán aún la tierra, mientras exista la humanidad. Y algo de nosotros quedará en ellos. No sólo algo de lo que hemos sido, alguno de nuestros genes, el perfil de nuestra nariz o el color de nuestro pelo, sino también algo de lo que hemos hecho, el vago recuerdo de una caricia, de una palabra, de un consejo.

De mis cuatro abuelos sólo conocí a una abuela, y de mis bisabuelos nunca supe el nombre. Pero yo no sería el que soy, no viviría como vivo, no pensaría lo que pienso, si mis padres me hubieran tratado de otra manera. No son sólo las enseñanzas o los consejos que tal vez recuerde, las normas morales o de conducta que me inculcaron; es mucho más, la actitud, la sonrisa, las prioridades y las decisiones, los gestos mil veces repetidos. Pero tampoco mis padres se hubieran comportado de aquel modo si sus abuelos no los hubieran criado de cierta manera. Y así, por extraños senderos, esos bisabuelos cuyo nombre ignoro guían mi vida, y así, confío, lo que ahora hago influirá en la vida de mis tataranietos. Ojalá sean sólo las cosas buenas. Ojalá, en algún lejano futuro, un padre cuente un cuento porque yo he contado, un padre escuche porque yo he escuchado, un padre abrace porque yo he abrazado.

En algunas épocas, los padres varones se han visto apartados de los niños pequeños, relegados por la sociedad a un papel secundario (más aún de lo que ya nos relega la biología). Tal vez nuestros padres o abuelos cantaron pocas nanas, cambiaron pocos pañales, consolaron pocos llantos. Pero me enorgullece pensar que siempre, desde hace miles de años, los buenos padres han trabajado para ganar el pan de sus hijos. Aunque fuera alejados, en la fábrica o en la oficina.

Introducción

Mireia Long

Este libro, "Una nueva paternidad" fue concebido por una madre, por mí misma y lo he cuidado durante el proceso de su gestación como una madre cuida a su bebé en su seno. Pero es un libro de hombres, de padres, escrito desde sus corazones y sus vivencias masculinas, en las que nosotras somos compañeras y a la vez, observadoras. Y al ser publicado por la editorial "La Pedagogía Blanca" mi trabajo ha sido darles voz y difusión también.

Los padres de hoy que comienzan a reclamar una nueva paternidad son los modelos que queremos que nuestros hijos miren y que nuestras hijas comprendan como los de los compañeros deseables para su futuro.

Los nuevos padres son enormemente importantes, pues ellos, como víctimas del patriarcado han sido igualmente mutilados y privados de la experiencia de las emociones más tiernas. Su paso es valiente, han mirado con dulzura sus corazones de niños, se han atrevido a darla la vuelta a los valores, han reclamado un lugar en una nueva forma de vivir en la Tierra.

Desde que comencé mi propio camino como madre y como activista de la maternidad y la crianza consciente eché de menos a los padres. Rara vez participaban en las redes virtuales y rara vez acudían a reuniones de crianza, cuando lo hacían, se solían mantener al margen, apenas hablaban o participaban, algunos dormitaban o daban vuelta con aire desconcertado. Los que venían lo hacían empujados por sus parejas pero, en el fondo, su actitud demostraba que eso de las preocupaciones de crianza y la necesidad de hablar con otras personas era cosa de la madre, no de ellos.

Y no entendía. Algunos, sin duda, estaban muy desconectados. Otros se sentían extraños rodeados de mujeres, desacostumbrados a compartir este tipo de vivencias y, incluso si sentían el deseo de integrarse, parecía que se veían más raros que un perro verde. Supongo que lo eran y lo siguen siendo, aunque cada vez un poquito menos.

Hará ahora diez años fundé una asociación de crianza, quizá de las primeras en España que no hablaba específicamente de lactancia. El vicepresidente era un hombre y sin duda eso me hizo ver que las cosas, poco a poco, estaban cambiando.

A lo largo de estos años la situación no ha cambiado demasiado, aunque, cada vez más, es posible encontrar a hombres comprometidos con una vivencia de la crianza más empática con los niños y más capaces de comprender el gran potencial revolucionario que supone un cambio de paradigmas de educación y cuidado. Hombres que no esperan que las mujeres se conviertan en hombres, sino que desean, sin quitarles a ellas lo que les es propio, comprometerse a fondo con sus hijos y su cuidado.

Estos hombres comienzan a darse voz a ellos mismos. Unos desde el ejercicio de su profesión como psicólogos. Otros como padres que participan en asociaciones presenciales y en internet, sea como blogueros, sea como comentaristas.

Los he ido conociendo, disfrutando, emocionándome al verlos salir a la luz, aprendiendo infinitamente de su ternura, su valor y su masculinidad real.

Y entendía que ellos también tenían que sumarse a esta revolución pacífica y silenciosa, pues, ante todo, somos seres humanos creciendo juntos y buscando un camino para darles una vida mejor a nuestros hijos. Tienen tanto que decir, tanto que aportar, tanto que enseñar... que era necesario que este libro naciera también.

Ser padre supone una aventura extraordinaria pero también un gran reto. Los papás quieren dar confianza, seguridad y amor a sus hijos, permitirles desarrollarse plenamente y felices, pero no siempre han recibido una educación que les permita estar en el lugar y el papel que desean. Espero que este libro les ayude, pues los padres que lo escriben, han pasado este proceso y siguen trabajando en él.

Pasar tiempo con los niños es enormemente importante. Aunque el trabajo y las tareas del hogar nos dejen tiempo libre este, prioritariamente, es bueno pasarlo con nuestros hijos. **La infancia no va a volver** y saber que nuestro padre disfruta de nuestra compañía nos da una enorme seguridad en la familia.

Por supuesto podemos encontrar momentos para el ocio, pero de verdad, ocuparlo **disfrutando de los niños** nos enriquece y también proporciona un clima de confianza que los niños reproducen, sintiéndose muy importantes para nosotros y sabiendo que nos hace felices su compañía. Hay muchas actividades que no son compatibles con los niños, como deportes arriesgados o salidas nocturnas, pero muchas cosas placenteras se pueden adaptar a ellos. Es el momento de los paseos, recuperar los juegos de la infancia, la bicicleta, el campo... de verdad que aburriros no os vais a aburrir.

El tiempo pasa muy deprisa y no hay vuelta atrás. Todo lo que no compartáis con vuestros hijos de niños no volverá. Las oportunidades perdidas no se recuperan y **la infancia de vuestros hijos es ahora**. Vividla.

Si os han educado de manera en que las mujeres son las que llevan el peso del cuidado de los niños y de la casa, es hora de cambiar. Incluso si la mamá se queda en casa para atender a los pequeños eso no va a querer decir que ella deba ser la única encargada de las tareas domésticas. Si ambos trabajáis, la casa hay que hacerla entre los dos, y si hay un bebé en casa al que la madre amamanta o atiende preferentemente, pues no está de más asumir alguna tarea adicional para que ella esté en la mejor condición para cuidar al pequeño.

No hay trabajo más duro que cuidar un bebé o varios niños día y noche, en serio, si no os lo creéis intentadlo. Uno termina agotado física y emocionalmente, sobre todo si se desvive por proporcionar atenciones adecuadas a los pequeños y estar siempre disponible para ellos como necesitan.

Así que al volver a casa es hora de tomar el relevo. El trabajo del cuidado de los niños es cansado y además, es el más importante del mundo. Que **la mamá esté en lo más descansada posible y de buen ánimo** puede depender de la ayuda de su pareja y desde luego, si ella está fuerte y feliz vuestros hijos van a ganar mucho con ello. Responsabilidad de papá es, por tanto, procurar que la cuidadora principal, que suele ser la mamá, esté en buenas condiciones.

Tras un día entero con los niños ella puede estar deseando que aparezcas por la puerta para darse una ducha o estar un rato tranquila. Es tu turno. La hora del baño y la cena es caótica, es tu turno. Al terminar la jornada quedan cosas desordenadas y la cocina sucia, es tu turno. ¿Parece duro? Lo puede ser, pero también es **un esfuerzo muy satisfactorio porque redunda en la felicidad de la familia**.

Tampoco es el momento de encapricharos con comprar cosas que descabalen el presupuesto o con actividades, viajes y diversiones incompatibles con la crianza o que excluyan a los niños.

Si ella es especialmente **apegada a su hijo**, si vive la maternidad con amorosa entrega, **disipad los celos**. A veces esconden al niño al que no le dieron tanto amor como el que vuestro hijo recibe. Pero eso no es motivo de celos, es motivo de orgullo. Vuestro hijo tiene la mejor madre del mundo y vosotros tenéis la suerte de estar a su lado. ¿No es maravilloso? Disfrutadlo, aunque al principio os dejen un poco fuera de su mundo amoroso, es normal y natural. Vuestro papel es el de sostenerlos y cuidarlos, no el de enfurruñaros si no os hacen tanto caso como querríais. Demostrad el amor con actos.

Llegará un día en el que niño vaya buscando también al padre, pero sin forzarlo, porque los vínculos verdaderos nacen de la libertad. Estad disponibles, pero no presionando.

En esos primeros tiempos **vuestra pareja puede no ser muy receptiva a las relaciones sexuales**, entendedlo. Todo su cuerpo está centrado en el bebé. Estará muy cansada, habrá dormido poco y además, las hormonas y la mente la tienen en otro universo a veces. Respetad ese proceso normal, sin reproches ni comentarios que puedan hacerla sentir presionada o triste. No intentéis que acceda por no disgustaros, seguro que podéis imaginar que es una sensación que nadie quiere vivir. Os ama seguro, aunque el deseo esté adormilado por un tiempo.

Hay muchas formas de despertar el deseo o de hacerlo vivir sin relaciones sexuales completas. La mujer, especialmente ahora que está cansada y emotivamente revolucionada, necesita dedicación, mimos, cariño, palabras agradables, detalles. La ternura y las caricias, los masajes y los abrazos son ahora mucho más importantes que nunca, incluso si no hay nada más por un tiempo, disfrutadlo, porque reforzará la relación entre vosotros. Sin poneros una fecha, todo llegará.

Si nuestra educación fue en exceso autoritaria, incluso si deseamos cambiar la tendencia, resulta a veces inevitable que nos broten comportamientos expeditivos e impositivos. El "lo digo yo y punto" no es educativo y simplemente supone el obligar al niño a la obediencia por el miedo, no por el **respeto sincero**.

Las personas a las que de verdad respetamos son aquellas que muestran con su comportamiento la capacidad de escucha, negociación y respeto hacia los demás. En los niños no es diferente, puede que nos obedezcan, pero si lo hacen por obligación y no por convencimiento no estaremos poniendo las bases de la confianza mutua.

Todos nos preocupamos por nuestros hijos y deseamos que nos escuchen, que nos hagan caso, para ayudarles a hacer las elecciones correctas ahora y en el futuro. ¿Es sencillo lograrlo sin mandarles obedecer sin rechistar?

Puede que cueste más tiempo y esfuerzo el negociar y escuchar, el **ganarse la confianza**, pero desde luego da mejores frutos. En la infancia presente lograremos que el niño nos cuente sus preocupaciones y miedos, sus sueños, sus dudas, si está seguro de que lo atenderemos sin recriminarle ni hacerle daño con palabras duras. En el futuro, cuando sea un adolescente, habrá aprendido que su padre es digno de confianza y respeto, pues siempre le escuchó de ese modo. Hay que ganarse ese respeto y esa confianza desde la primera niñez. Luego, es tarde, cuando ya no nos obedezcan por miedo no podremos ni saber que bulle en su mente y no podremos ser esa figura adulta que los ama y los acompaña en el difícil crecimiento hacia la juventud y la vida adulta.

Otra cuestión no es ya solamente tener el tiempo y la disposición de hablar con ellos, también es muy importante la actitud y los temas que tratemos. Papá no puede ser el que regaña y castiga, esa figura amenazante que la madre cita para mantener una disciplina que se le va de las manos. Esto es labor de ambos progenitores, que, dejando atrás los modelos de una sociedad patriarcal en la que el hombre era la autoridad máxima de la casa, manejen las decisiones en común, de forma igualitaria.

Y es que si papá es que va a echar la regañina y nunca tiene tiempo para los niños si no es para dar un repaso a sus malos comportamientos, no podrá ser esa persona cercana y fiable a la que el hijo se acercará libremente.

Engendrar e incluso cubrir las necesidades básicas del niño no algo que despierte en ellos el respeto por las buenas ni es lógico esperar que nos obedezcan sin más. El **respeto se gana con respeto**, nunca me cansaré de repetirlo.

Por supuesto, ser un buen padre también es **poner límites**. El niño necesita límites para crecer seguro. Los límites no son a los abrazos, al tiempo en común, al amor, a la atención de sus necesidades emocionales. Los límites son necesarios para establecer reglas de convivencia, y todos ellos se resumen en el respeto, respeto que debe ser mutuo y que solo podemos coherentemente esperar si lo damos previamente.

También hay **límites físicos** necesarios y la obligación de ambos, papá y mamá, es determinarlos. No es que tengamos que mandar callar al niño y estarse quieto si molesta, pues a lo que me refiero es a preocuparnos de permitir que nuestros niños se desarrollen libremente, según sus necesidades evolutivas de crecimiento y exploración, en ámbitos seguros y adecuados para ellos.

Espacios y ámbitos adecuados para los niños son un límite que es nuestra responsabilidad. Si nos empeñamos en llevarnos al niño a un bar, una larga comida de restaurante, un hospital visitando a un enfermo o a una pariente recién parida, una reunión de adultos donde no se puede jugar ni correr, espacios peligrosos en los que no puedan moverse libremente y donde vayamos a tener que estar pendientes regañando continuamente, sitios donde nadie vaya a escucharlos y estén sin atención ni poder participar en la conversación, no son sitios adecuados para los niños.

Debemos limitar en lo posible el que tengan que permanecer en ellos, pues no están hechos a la medida de los niños y violentan sus necesidades de ser atendidos y de poder moverse, cosas que su naturaleza les impele a hacer.

Obviamente hay cosas que no se pueden hacer: meter los dedos en un enchufe, el bocadillo en el DVD, tirar al suelo los objetos delicados, saltar por muebles que pueden volcarse, pegarle al hermanito, asomarse a la ventana, cruzar sin darnos la mano. Pero estas y muchas otras las podemos prevenir igualmente adecuando espacios, tiempos y atención a buscar evitar ese tipo de situaciones. De nuevo el límite no es recurrir por costumbre a pegarles un grito, sino **proveer a los niños de ámbitos limitados adecuados** para que, en ellos, puedan ser libres.

Nuestros hijos nos toman como **modelo de vida**, y es más importante lo que hacemos que lo que decimos. Por eso, tanto para los niños como para las niñas, que su padre sea una persona responsable y respetuosa con ellos, con los demás y con el entorno, es un modelo importantísimo.

Para los chicos, su padre es el hombre al que miran para saber cómo serán ellos de adultos. Para las niñas, supone una figura que representa el modelo que verán como ejemplar en otros hombres pero también, aparte de las diferencias de género, tiene el mismo valor como figura adulta de referencia.

Aprender es algo que los niños, aparte de su asistencia o no a un centro escolar, desarrollan en todas las facetas de la vida. De lo que su papá les enseñe, les cuente y les muestre, compartiendo experiencias, aprenderán contenidos de manera mucho más efectiva ya que hay en el compartir sentimientos un elemento adicional que refuerza lo que se les ofrece.

Hay que encontrar el momento de **aprender con los niños**, ayudándoles si traen tareas escolares, por supuesto, pero sobre todo explicándoles el mundo y atendiendo a su insaciable deseo de conocimientos. Leer con ellos un libro, meditar, pasear, pintar o hacer tareas del hogar ofrece una intensa experiencia educativa en la que el padre puede tener enorme importancia.

Yo creo que de todos mis educadores, profesores, amigos, familiares y lecturas no ha habido nadie más importante que mi padre. Él me mostró en un libro el cuerpo humano, me habló, aunque le daba un poco de vergüenza por su educación, de lo que él llamaba el misterio de la vida, me enseñó a leer y me ofrecía libros, me introdujo en la pasión por la ciencia ficción, la antropología y la poesía, me contaba las historias de las obras de Shakespeare, me ponía música clásica, lo veía preparar los guiones en los que trabajaba y me llevaba a verlo en las películas en las que hacía un papel interesante o dirigía, me contaba cosas sobre Historia y Ciencia.

Los papás y mamás actuales se encuentran muchas veces desbordados. El ritmo de vida que les arrastra les deja poco tiempo para la reflexión. Las pautas educativas han cambiado tanto en tan poco tiempo que es difícil saber cómo actuar en las circunstancias complicadas. A los niños les compramos muchas cosas y los apuntamos a muchas clases, a los pequeños los estimulamos pero nos cuesta renunciar al ocio adulto para jugar con ellos. Cansados, caemos en los gritos, la impaciencia y los castigos, no sabemos cómo manejar las situaciones. **Y es que para ser buenos padres hay algunas cosas que no pueden faltar.**

Lo primero es tener **autocontrol**. Nos enfadamos con las rabietas, caprichos y regresiones de los niños, si lloran o gritan o patalean. Les exigimos un autocontrol que ellos no tienen y que lleva tiempo desarrollar. Pero lo vergonzoso es que les exigimos ese autocontrol prematuro y lo hacemos gritando, poniéndonos furiosos y atacados de los nervios.

Los adultos somos nosotros y si no hemos aprendido a estas alturas a controlarnos ya es hora de empezar a hacerlo. Nosotros tenemos que aprender a controlarnos y a organizar nuestro devenir cotidiano de un modo que nos permita disfrutar de esa mínima calidad de vida, en vez de montar en cólera si un pequeñín se ve desbordado por el cansancio o las emociones.

Además hace falta mucha **coherencia**. Los niños no aprenden de lo que les decimos que está bien o está mal. Los niños aprenden de lo que hacemos. Seamos coherentes y no digamos algo que no somos capaces de cumplir.

Nada más ridículo y vergonzoso que un padre gritándole a un niño pequeño que como vuelva a pegarle a su hermanito le parte la cara. O ese que amenaza con cosas que no cumplirá, miente descaradamente para que el niño obedezca inventando castigos de Reyes Magos que no vendrán, pero se comporta de un modo maleducado y poco cívico mientras repite ideas educativas que hasta un niño de dos años se da cuenta que su padre incumple descaradamente.

Si le dices a tu hijo que no grite, no grites tú. Si no quieres que pegue, no pegues tú. Si quieres que respete a los mayores, respeta tú a los demás, incluidos a los niños. Si no quieres que diga tacos o insulte, ya sabes lo que debes abstenerte de hacer. Si quieres que sea limpio, lávate las manos y los dientes delante de él. Si quieres que no tire papeles y que cuide su salud, no fumes delante de él, no tires las colillas al suelo y menos a su parque, y no escupas en la calle. Si quieres que lea, empieza a leerle y a leer para ti mismo. Si quieres que estudie, apaga la tele y deja de ver tanto futbol y culebrones para ponerte a aprender cosas tú. El ejemplo es fundamental.

Hay que tener **empatía** y saber ponernos en la piel de nuestros niños, sintiendo lo que sienten, la pena, el miedo, la alegría, los nervios. Si somos capaces de empatizar con sus emociones es mucho más sencillo comunicarnos y escucharlos, sobre todo cuando no son todavía capaces de expresar perfectamente sus sentimientos con palabras.

No burlarnos, no provocar sus miedos, no azuzarlos, no exigirles que superen emociones que los paralizan, serán beneficiosas consecuencias de la empatía activa.

Los insultos, las mofas, las amenazas y el chantaje emocional son cargas con las que quizá crecimos pero ya es hora de reconocer que son algo dañino y vergonzoso aunque sobreviviésemos a ellas. Nada de lo que nos duele o nos molesta debemos hacérselo a los niños y desde luego no sirve más que para realimentar el círculo de la violencia.

Los entenderemos, pero sólo si nos atrevemos a sentir con ellos en vez de decirles como tienen que sentirse. Y de ese modo sembraremos la confianza que se gana, que no viene de repente en la adolescencia, que hay que fomentar desde que son bebés y sienten que estamos a su lado para acunarlos cuando necesitan amor.

Ni el respeto ni la confianza se merecen por haber engendrado un vástago. Como todo lo que vale la pena, hay que ganárselo y saber conservarlo.

Añadamos a esto la indispensable **flexibilidad** de la que hay que proveerse. Solemos decir que NO cientos de veces al día a los niños, mientras ellos se mueven en espacios y tiempos irrespetuosos con sus ritmos y necesidades.

Decir "no" hay que decirlo, sobre todo al consumismo o a la violencia, pero hay que mantenerlo en su límite. Muchas veces, si reflexionamos, las cosas que no permitimos hacer en determinado momento podríamos haber accedido a ellas simplemente parando, olvidando esa necesidad nuestra de actuar deprisa, dejando que los niños disfruten de su derecho a explorar el mundo y la vida.

Es decir, seamos flexibles y sepamos distinguir lo verdaderamente importante de lo que podemos negociar con ellos. Y por supuesto, expliquemos nuestras negativas y límites del mejor modo adaptado a sus edades. Los niños a los que se les explican las cosas terminan entendiéndolas. A los que se les manda "porque soy tu padre" sin argumentos ni explicaciones, a los que se trata como idiotas a los que domar, a los que no se les explican las cosas, no entenderán.

El "porque yo lo digo" es un argumento muy pobre, que revela que tenemos escasos recursos verbales y comunicativos. Y que nos deja en muy mal lugar delante de unos niños que nos ven como dictadores sin capacidad de negociación y que no saben explicar sus motivos o argumentos. No fomenta el que los hijos nos respeten, porque el respeto se gana y no se merece por el simple hecho de ser los padres.

Y para terminar dejo lo indispensable: la **paciencia**. La paciencia que hemos perdido, la que les exigimos a los niños, la que ellos tanto necesitan de nosotros. Las rachas complicadas en los procesos de crecimiento de los niños pasarán seguro. Pero los niños viven el ahora y esperar se les hace muy difícil, como más difícil todavía es para ellos el adaptarse a nuestras ausencias. Paciencia. Somos los adultos. No lo olvidemos.

No me quiero dejar algo que creo que es casi innecesario mencionar: abrazos, besos y mimos que nunca se escatimen. Y todo el tiempo posible a su lado, conscientes, abiertos a sus necesidades emocionales y de juego. El amor nunca es en exceso.

Para nuestros hijos nadie hay en el mundo más importante que nosotros, a nadie aman más. Parar, sentarnos a su lado, entregarnos a su necesidad de nuestra presencia, darles afecto y tiempo, todo el tiempo posible, es una experiencia que nos enriquece. Y que a ellos les hace confiar en la vida y disfrutarla.

En resumen, **para ser buenos padres hay cosas que no pueden faltar**. No nos debe faltar el autocontrol, la coherencia, la paciencia, la flexibilidad y la empatía. Pero eso no bastará, pues ser padres es una enorme responsabilidad en la que además de educar a un hijo y acompañarle en su crecimiento, deberemos educarnos a nosotros mismos y crecer para ser mejores personas.

UNA NUEVA PATERNIDAD

Armando Bastida Torres

Érase una vez un pringao que se dejaba llevar por la corriente

Un pringao. Un pringao y ella una pringá. Así es como resumiría el papel que hicimos mi mujer y yo cuando fuimos a dar a luz a nuestro primer bebé el invierno del 2006. Aparecimos allí entregando nuestra nueva paternidad a las personas de blanco y a las de verde y confiando ciegamente en que lo que allí iba a suceder era todo por nuestro bien, pensando incluso que sólo gracias a ellas nuestro bebé nacería sano, como quien entra a un quirófano sabiendo que su vida va en ello.

"Si quieres que te pongamos anestesia tendrás que firmar el consentimiento informado". Ella me preguntó si se la ponía y yo le dije que no veía por qué no. Lógico, nadie se empasta una muela sin anestesia, así que si hasta por un diente te duermen la zona, ¿por qué iba a dar a luz a lo "vivo"? Le pusieron la epidural, me hicieron salir y al rato me avisaron de que el bebé iba a nacer por cesárea porque estaba haciendo bradicardias por culpa de una hipotética vuelta de cordón.

Por suerte Jon nació bien y madre e hijo estaban sanos y salvos. Esto es lo que uno espera cuando va a dar a luz y es con lo que la mayoría de madres y padres se quedan al final. Digo esto porque nos quedamos con un extraño sabor de boca al ver que todo iba bien hasta que le pusieron la anestesia. En ese momento le empezaron a administrar un suero con oxitocina sintética, que provoca contracciones más fuertes y duraderas que las naturales y que se suele poner para evitar que con la epidural el parto se estanque. Hasta aquí suena todo bastante normal, pero claro, luego te enteras de que un posible efecto secundario es que el bebé no soporte unas contracciones tan intensas y que haga bradicardias. Además, aparece la ginecóloga con cara de "puesnomeloexplico" y te dice que no había vuelta de cordón, pero que por suerte todo ha ido bien. Y con eso te quedas, pensando que acaban de rajar a tu mujer probablemente sin necesidad (más cuando con el tiempo te enteras, además, que muchos niños nacen con vuelta de cordón sin problema alguno), pero contento porque ambos están bien.

Y te plantan ahí, delante de la nursery, donde tu bebé despierto se queda en la cunita mientras tú le miras desde fuera porque en el hospital han decidido que aunque es tu bebé y tú puedes decidir lo que es mejor para él, donde mejor está es solo en una cunita con su ropita y su mantita. Y te parece normal porque eres un pringao, uno de esos que ve normal todo lo que sucede en el hospital, que ve normal que la madre esté en un sitio y el bebé en otra, cuando los dos están bien (que te lo han repetido cientos de veces ya, que por suerte los dos están bien), que ve normal que las enfermeras decidan lo que es mejor para el bebé y que no hace nada que nadie le diga, porque no tiene iniciativa ni opinión.

Luego pasa lo que pasa, que te lees un resumen del método Estivill para que los niños coman, ese que dice que si no quiere comer le retiras el plato y se lo vuelves a poner para merendar y dices que "este hombre tiene toda la razón del mundo". Entonces llega la enfermera para darle el bebé a la madre y le pregunta si lo va a amamantar y ella dice que "pues vale", porque ni siquiera habíais pensado cómo alimentarle, que si llegan a venir con el bebé y un biberón en la boca hasta igual les das las gracias por haber tenido el detalle de prepararlo y empezar a dárselo. Así que pasan las semanas y conoces a una mujer mayor que se queja porque su hija no viene a verla al hospital, triste porque la crio con todo su amor y la amamantó hasta que tenía casi tres años y se te escapa una mueca de "What the fuck?" y haces la misma mueca cuando una madre te dice que hay días que se queda sola con su hija de ocho meses y que para no dormir solas se meten juntas en la cama.

Pues para mí todo eso es ser un pringao (ese era yo), pero no por tener esas ideas y opiniones, sino por tenerlas por inercia, por culpa de no haberme informado, por culpa de no haber escuchado ni leído, por hacer simplemente lo que se hace, lo que todo el mundo hace, lo que es habitual. Por no haber abierto una puerta ni haberla cruzado para ver que hay afuera, por haberme conformado creyendo que lo de dentro, lo de toda la vida, es lo único y lo mejor. Un pringao por haberme dedicado a ser la persona que los demás esperaban que fuera y por no tomar las riendas de mi vida ni siquiera en ese momento, cuando estaba esperando un bebé. Uno más de tantos que vivía la vida tal y como le había llegado, como si el destino ya estuviera escrito, como si mi papel de padre tuviera que ser la herencia de lo visto y vivido en casa, como si fuera una tradición.

Por suerte, o quizás por lógica, Jon, el bebé que nació, vino dispuesto a presentar batalla. O mejor dicho, vino dispuesto a pedir y exigir respeto. Puso la pelota en mi tejado y me dijo: "Este soy yo, soy así y tú decides si quieres que nos llevemos bien o si quieres que nos llevemos mal. Si vamos por las buenas, caminaré siempre a tu lado. Unas veces cederás tú y otras lo haré yo, pero trataremos de encontrar el camino para crecer juntos. Si quieres ir por las malas, si quieres forzar las cosas, no te lo pondré fácil porque yo no quiero ser uno más. No quiero ser un pringao. Quiero ser yo. YO." Así que tuve que decidir qué hacer. O hacía caso del sentir general, ese del "controla o se te subirán a la chepa", "no le cojas en brazos que se acostumbrará", "déjalo llorar que les va bien" o le hacía caso a él, que sabía perfectamente qué necesitaba en cada momento y que se esforzaba mucho en hacérnoslo saber.

Pues bien, como imaginaréis, ya que estoy aquí escribiendo sobre una paternidad diferente, elegí escuchar a mi hijo. Escogí hacer caso a una persona de pocos días de edad, como si él supiera lo que está bien o mal, lo que es bueno o malo para los bebés... y creo que acerté. Quizás los bebés saben perfectamente qué necesitan los bebés o quizás no es esa la premisa de la que debamos partir. Quizás simplemente debamos tener claro que los bebés, para desarrollarse adecuadamente, vienen preparados para decirnos cuándo lo estamos haciendo bien y cuándo lo estamos haciendo mal. En nuestras manos está el hacerles caso o no. Si les hacemos caso, todo va más rodado y todo sigue una secuencia más o menos lógica. Si decidimos contraponer sus necesidades a las nuestras, probablemente salgamos perdiendo todos.

UNA NUEVA PATERNIDAD

Tras el centrifugado, reescribiendo mi escala de valores

Dicen que cuando no tienes nada con que comparar todo te parece bien. Es lógico. Uno no se ve gordo hasta que sale a la calle y se da cuenta de que la mayoría de la gente está más delgada que él. Uno no sería guapo si no existieran los feos, uno no sería alto si no existieran los bajos y a uno le parecería normal pegar a los niños si viera que todos los niños son pegados. La gracia del asunto es que cuando crecemos y conocemos nuevas realidades crecemos también como personas y nos despojamos de muchas capas artificiales que hemos ido adquiriendo por el camino por inercia. La más acusada en mi caso, y de la que voy a hablar porque es el tema que toca tratar, es el cambio de mentalidad con respecto a los niños. Tenía yo miedo de ser padre porque nunca he sido persona de tener mucho carácter. Sin embargo me tranquilizaba saber que ella, mi mujer, es más temperamental ("no habrá problemas de actitud ni control, porque ella sabrá reconducir, gritar y castigar allí donde yo no sea capaz").

El caso es que a pesar de tener más carácter, pronto me enseñó que ni estaba dispuesta a gritar a nadie, ni tenía intención de castigar y mucho menos de pegar. En ese momento me di cuenta de que estaba casado con una mujer que quería hacer las cosas de manera diferente. Dudé, como el maestro que enseña a los niños a base de gritos y una mañana se despierta afónico, sin su única herramienta. Dudé como los padres que alzan la voz molestos cuando se sugiere que pegar a los niños está mal y que es ilegal, sintiéndose desnudos y desprovistos del recurso que consideran determinante a la hora de educar a un hijo. Dudé, pero ella, y sobre todo él, mi hijo, me enseñaron a dejar de dudar porque la vida es mucho más fácil cuando caminas al lado de las personas que quieres, y mucho más difícil cuando te das cuenta de que caminas frente a ellas, chocando continuamente y haciéndoos daño sin quererlo realmente.

En ese momento decidí reescribir mi escala de valores, decidí olvidarme un poco de mí, de mis necesidades, de mis ganas de recibir y dejar así espacio para el dar, para ofrecer tiempo y cariño a mi hijo y para decirle "venga, aquí estoy, enséñame a ser padre... enséñame a ser un buen padre. Dejaré mi mochila, que aún está algo vacía y desordenada, a un lado y me dedicaré a ayudarte a llenar la tuya". Y el tío se lo tomó al pie de la letra, porque se dedicó a hacer todo lo que nadie espera que haga un bebé.

La gente espera, porque de hecho se explica que es lo normal, que coman y duerman, que sean "buenos" (ya sabéis, de los bebés se dice que son muy buenos cuando duermen mucho, lloran poco y comen regularmente), que enseguida duerman toda la noche, que les des un juguete y se entretengan durante horas, que permanezcan en la cuna o el cochecito sin decir ni mu. La realidad es que muchos niños no son así, muchos comen a menudo y de manera irregular, duermen mal si están solos y piden brazos a menudo porque no consienten estar solos en el cochecito o la cuna. Muchos son así pero cambian cuando sus padres piensan que hay un problema y por tanto hay que ofrecer una solución. Y el problema existe desde el momento en que todos piensan que el niño normal es el otro, el que pide poco y es conformista. Y entonces llega la solución en forma de horarios para comer, "y si quiere antes de que le toque le das agua", de llantos para dormir porque "tiene que dormir solo y tranquilo, que así se les expanden los pulmones" y de llevarlo en el cochecito aunque diga que no, porque "si se acostumbra a los brazos luego no habrá manera". Muchos niños cambian, sí, y se vuelven en niños semejantes a los primeros, con mayor o menor esfuerzo, llegando a contentarse los padres porque ahora sí tienen un niño normal, gracias a su rápida y necesaria intervención.

Sin embargo hay otros niños que no son tan conformistas y que si les dejas un rato llorando, en vez de dejar de llorar, lloran más. Y si les dejas un rato más, en vez de calmarse, aún lloran más. Pues bien, uno de ellos era Jon, mi hijo el mayor (ahora tengo tres), que vino a decirnos que sólo había una manera de hacer las cosas para que todo fuera bien: la suya.

El manual de instrucciones de los niños

A menudo doy charlas para mamás embarazadas en calidad de enfermero y siempre empiezo diciéndoles lo mismo: "no hagáis caso a nadie, ni al pediatra, ni a la enfermera, ni a vuestra madre, ni a vuestra abuela que sabe mucho porque crió a cinco, ni a la vecina que ya los tiene mayores y sabe de qué va porque el mediano les hizo la vida imposible, ni a la panadera que te dice que eso de cogerlo en brazos es negativo. Ni siquiera me hagáis caso a mí, que ahora os voy a hablar de bebés durante dos horas."

En ese momento me miran desconcertadas (y los padres, que muchos también vienen, también) y yo, después de una pausa para dar un poco de dramatismo les digo: "Tenéis que hacer caso sólo a una persona, a vuestro bebé". Entonces hago una nueva pausa, como esperando los aplausos y vítores, que nunca llegan, y sigo con mi discurso: "Él os dirá en todo momento si lo hacéis bien, si lo hacéis mal, si necesita A o si necesita B, si tiene hambre, si tiene sueño, si algo le molesta. Lo importante es que poco a poco aprendáis a entenderle, a escucharle, a saber qué quiere, y eso os lo dará el tiempo, la empatía, el tratar de saber qué siente". Y lo digo con el corazón en la mano, como tratando de dar el consejo que a mí me habría encantado recibir y que nadie me dio porque se preocupaban más por cambiar a mi hijo que por entenderle. Trataban de hacernos creer que algo iba mal porque era imposible que un niño comiera tan a menudo, que no quisiera estar en el cochecito y que necesitara dormir en brazos las siestas para poder conciliar un sueño reparador.

El manual de instrucciones de Jon era él, Jon. Él nos dijo en cada momento qué necesitaba y cuándo nos equivocábamos y nosotros aprendimos a escucharle para ayudarle a crecer y desarrollarse feliz y lejos de las lágrimas, pero sabiendo que, de haber tratado de forzar las cosas, habría llorado ríos y mares.

Comía mucho, a todas horas, de maneras desesperante, todo el día mamando. "No le des tanto, no lo haces bien, dale cada tres horas, dale agua, no se llena, dale biberón", le decían a ella. Pero ella decía que no, que el niño pedía y que era por algo, que si tenía hambre tendría que comer. Un mes después le cortaron un frenillo que tenía en la lengua que al parecer estaba impidiéndole comer bien y a partir de ese momento todo cambió. No engordó demasiado el primer mes, pero la pediatra fue contundente: "Menos mal que le has dado tanto como ha querido, gracias a eso ha ganado peso, porque este frenillo era totalmente limitante".

Dormía en el moisés, pero cada vez pasaba más tiempo en la cama con nosotros porque cada vez dormía peor solo y mejor en compañía. Nos sentíamos irresponsables, sentíamos que jugábamos con fuego, que le hacíamos un mal, pero la lógica y nuestro hijo nos decía que tan malo no podía ser, hacer algo que los niños prefieren, que les permite dormir mejor y que les permite mamar prácticamente cuando quieren no puede ser malo. Vale, es más cansado y duermes con un ojo abierto porque tienes al niño al lado, pero basta con leer algún libro bien documentado para darte cuenta de que dormir con los niños se ha hecho siempre, se sigue haciendo en muchas culturas y es lo que ha posibilitado que la humanidad siga existiendo porque si allí donde está el cuidador está el bebé, su vida no corre peligro.

Hay animales cuyas crías esperan pacientemente a que mamá traiga comida para ser alimentadas, calladas y quietas para evitar que nadie se las coma. Hay animales cuyas crías, sin embargo, se saben en peligro en el preciso momento en que su madre desaparece de su vista y por eso empiezan a gritar ("mamá, ni de coña me dejes aquí solo, que mi vida va en ello"), a lo que las madres vuelven corriendo para llevárselas consigo ("ven, anda, y cállate, que nos pones a todos en peligro"). Pues bien, los humanos somos de estos segundos, de los que no nos quedamos quietos y callados, sino que gritamos y lloramos si vemos que mamá desaparece. Lógico, un bebé solo no tiene absolutamente nada que hacer ante un depredador. No tendría mucho sentido que la evolución hubiera previsto que los bebés tuvieran que defenderse solos de los malos porque nos habríamos extinguido rapidito.

Lo que pasa es que ahora no vivimos en la selva, ni al aire libre, ni hay animales buscando a bebés rollizos para quitarse el hambre. Vivimos en un pisito y nuestro hijo tiene su propia habitación con puerta y ventana y no corre ningún peligro. Entonces, en vez de estar contentos calmando a nuestro bebé por un miedo infundado, porque quiere estar con nosotros para evitar peligros que no le acechan, vamos y hacemos el ejercicio al revés: como ya no hay peligro, ya no tiene sentido que te quejes. Si no te va a pasar nada, ¿por qué lloras? Y eso es lo que ha ido evolucionando con el tiempo, que los niños se quejan porque no son "buenos", porque piden tonterías, porque se acostumbran a los brazos o porque toman el pelo de los padres. Pero la realidad es que ellos no saben que han nacido en España y que viven en un piso. No saben que viven en el siglo XXI y por supuesto no saben que no hay depredadores cerca, así que como para ellos el peligro está ahí afuera (podrían nacer en el siglo XXI en África, por ejemplo), siguen haciendo lo que hacían nuestros antepasados, quejarse mucho si les dejamos solos. Dicho de otro modo, los niños son igual que siempre, somos los adultos los que esperamos que hagan otra cosa y los que hemos acabado creyendo que tienen que ser diferentes a como son, simplemente porque no hay razón para quejarse tanto. Y todo esto para explicar que es normal y lógico que un bebé duerma mejor con sus padres que solo en un moisés o en una cuna.

Todo ello sirve también para explicar por qué nuestro hijo nunca quiso ir en cochecito convirtiéndonos en esos extraños padres que en vez de salir a dar una vuelta con el bebé para pasear además al perro salíamos a dar una vuelta con nuestro bebé para pasear además al cochecito, porque siempre iba vacío, y para tener claro que no se había acostumbrado a los brazos, sino más bien que no se había desacostumbrado a ellos.

¿Haciendo todo lo que el niño quiere?

El problema de hacer caso al niño, si lo que pide el niño es lo que no se espera que pida (teta a todas horas, muchos brazos, no ir en cochecito, dormir en la cama de los padres, etc.), es que acabas navegando contra corriente y ya se sabe, el que decide ir al revés recibe por todas partes. No es que uno vaya pregonando a los cuatro vientos en plan "soy el rey del mundo y eso que no voy en el Titanic, me siento libre y bien y eso que no llevo compresas y todo porque mi hijo y yo tenemos una relación especial", sino que los temas salen aún cuando no los quieres abordar.

A veces son otros padres que te preguntan qué tal duerme tu hijo y respondes que bien, pero que está en la cama contigo y que claro, cómo iba a dormir mal. Entonces te miran raro y te aconsejan que cambies de proceder, dejándote un mal sabor de boca que pa' qué porque, ni tú vas diciendo a la gente que debe meter a su hijo en la cama ni lo has explicado para recibir un consejo, sino del mismo modo en que explicas que hoy le has puesto jersey porque notabas que hacía fresquillo. Otras veces es el pediatra o la enfermera, que preguntan dónde duerme para asentir en modo de aprobación si le dices que duerme solo y para disentir en modo de reprobación si dices que duerme en la misma cama que tú, para después ofrecer el consejo de sacarlo a su habitación, algo que evidentemente no harás. Incluso hay veces en las que no hace falta ni hablar, porque te ven. Un niño en el cochecito es un niño normal. Un niño llorando en un cochecito es un niño normal que quiere salirse, pero al que sus padres están enseñando que debe ir ahí. Un niño que va en una mochilita o en un fular es el hijo de una madre y padre extraños que no utilizan cochecito porque al parecer les gusta cargarse la espalda y un niño en una mochilita o fular llorando es un niño incómodo que estaría mil veces mejor en un cochecito. Entonces, en los dos primeros casos, nadie dice nada. Si el niño está tranquilo nadie te dice que de vez en cuando les va muy bien llevarlos en brazos para ver otra cosa que no sea el cielo, para evitar la plagiocefalia y para que se estimulen. Si el niño está en el cochecito llorando nadie te dice que lo cojas un rato, que está incómodo, que puede tener hambre o calor, que tiene el culo aplanado de tanto ir ahí o que necesita un poco de calor humano. Sin embargo, si un niño está en brazos, en una mochila o fular sí, entonces se acerca la gente y te ofrece su sabiduría para decirte que se te ha quedado dormido y parece estar incómodo (el niño no dice nada, pero ellos deducen que dormido ahí no puede estar bien), si está despierto se preguntan por qué lo llevas ahí, con el calor que le estás dando y lo bien que van en el cochecito y si está llorando, pues lo dicho, por un capricho de llevar al niño ahí y que todo el mundo te vea resulta que el niño iría mejor a cuatro ruedas. Por eso digo, que hay veces que no te puedes esconder porque los niños piden teta también fuera de casa, aún cuando ya caminan, porque ellos no saben que hay gente a las que eso les puede parecer raro, raro.

Incluso el niño crece y cumple los dos años y todo el mundo alucina porque no va a la guardería, ese lugar que existe para que los padres que no pueden cuidar de sus hijos los lleven y que ahora parece que si no van se te va a quedar el niño retrasado o asalvajado. Que si no va no se socializa, que si no ve niños no se relaciona, que con dos años ya debería ser independiente, que no sabemos el daño que le estamos haciendo evitando que allí se curta. Y digo yo que mucho sentido no tiene, si a lo que conocemos como educación formal para los niños lo llamamos periodo escolar, es el que se considera obligatorio y empieza a los seis años y no a los dos. Pero entonces me diréis que dónde voy escolarizando a un niño a los seis años y os respondo que en muchos países del mundo se hace así, o que incluso en Finlandia, donde los alumnos obtienen las mejores puntuaciones en el informe PISA, empiezan a los siete. Pero España no es Finlandia, así que aquí decidieron que sería positivo empezar antes con unos cursos que sirvieran como iniciación o adaptación al sistema escolar. Esos cursos recibieron el nombre de época "preescolar", es decir, pre escuela. Hace unas décadas se empezaba con cuatro años y ahora los niños empiezan el periodo que les prepara para ir al colegio a los tres años. Entonces me viene la gente a decirme que estoy loco por no apuntar a la guardería y el que alucina soy yo, porque me explican que mi hijo tiene que ir para acostumbrarse al funcionamiento de un colegio, a la separación y a la convivencia con otros niños. Es decir, que mi hijo tiene que hacer "prepreescolar": un periodo previo al periodo previo a la escuela. El cuento de nunca acabar.

Como veis, y como digo, el mundo te machaca a diario porque eres un padre diferente, porque no haces lo mismo que los demás padres y porque parece que por hacerlo así, por pasar mucho tiempo con tus hijos y por darles todo lo que piden siendo tan pequeños estás juzgando a los demás y diciéndoles, indirectamente, que ellos lo hacen o han hecho mal. Pero oye, a mí me da igual cómo lo hagan los demás... bueno, miento, me gustaría que pasaran más tiempo con sus hijos y respetaran más sus decisiones y su capacidad para elegir su camino, sobretodo porque son los ciudadanos que convivirán con mis hijos, pero eso es un deseo, un "me gustaría" y nada más. Suficiente y demasiado tengo yo con tratar de hacer que mis hijos sean ciudadanos honrados, ciudadanos de bien, como para pretender educar a toda una población o siquiera a todo un barrio. Yo me dedico a mis hijos y lo hago lo mejor que puedo con ellos y de la manera que creo que crecen mejor y más autónomos y, sobretodo, más felices y a medida que ha ido pasando el tiempo la gente cuestiona menos nuestro modo de hacer porque no es lo mismo hablar con el padre de un niño de dos años que con el padre de tres niños, uno con ya casi siete años.

Venga, vuelvo a la frase que seguramente os ha rechinado del párrafo anterior: "por darles todo lo que piden siendo tan pequeños...". ¿Pero no habíamos quedado toda la sociedad en que a los niños no hay que darles todo lo que quieren? ¿No era evidente que, desde que nacen, hay que ir poniéndoles límites para que vean hasta dónde pueden llegar y hasta dónde no? Bien, pues yo me he rebelado contra esta afirmación, aunque sólo en parte. Mucha gente cree, por mi modo de hablar, que en mi casa mis hijos hacen lo que quieren, que lo tienen todo permitido. La realidad es que sí hacen muchas de las cosas que quieren, probablemente más que muchos niños, pero no es cierto que lo tengan todo permitido, del mismo modo que yo no puedo hacer todo lo que quiera (por ejemplo, llevo días que querría no ir a trabajar y mira, no puedo no ir). También es cierto que no hacen muchas de las cosas que otros niños sí hacen porque hay padres que educan a sus hijos en el laissez faire, o en el arte de la contemplación, con un estilo de educación que se conoce formalmente como estilo permisivo, en el que los padres no tienen la autoridad suficiente para conseguir regular al niño o para conseguir que el niño se autorregule. A mí y mi mujer nos meten a menudo en ese saco. Lo entiendo porque no pegamos ni castigamos (nunca lo hemos hecho) y claro, cuando un padre cuyas herramientas educativas básicas son la amenaza constante, el cumplimiento de la amenaza, alias castigo, y el cachete cuando la cosa se desmadra ve que hay quien no hace uso de ninguna de esas técnicas, la imagen que percibe de ese padre es la de una persona blanda, que no se hace respetar y que no educa a sus hijos.

Sin embargo no permito que me digan que como mis hijos no son castigados van a hacer lo que quieran porque no es cierto. No es cierto porque yo no necesito que se me castigue para respetar a las personas ni necesito que se me amenace para ser una persona de bien. Si lo soy es porque creo que tengo que ser así y si respeto a la gente es porque creo que debo hacerlo y porque igual que me gusta respetar, me gusta que se me respete.

Es cierto, sé lo que estáis pensando, que yo no soy un niño que esté aprendiendo a vivir en sociedad, que yo ya soy un adulto, pero es que los niños pueden aprender todo esto también por sí mismos y, si hace falta, con nuestra ayuda y acompañamiento, a su lado, para explicarles dónde han perdido el respeto a alguien, cómo le gustaría a ese alguien ser tratado realmente y cómo les gustaría a ellos que los demás les tratasen. Es un trabajo arduo y complicado que requiere amplias dosis de paciencia y de tiempo para dedicarlo a los niños, así como imaginación para resolver conflictos evitando la tan manida violencia verbal o física, pero es un trabajo que en el fondo se agradece porque es más agotador, al menos para mí, educar por la vía del control, las amenazas y los castigos.

UNA NUEVA PATERNIDAD

Pero en el futuro...

Quizás si estáis leyendo estas palabras penséis que mis hijos serán así o asá en el futuro, buenas personas, respetuosas, humildes, justas quizás, o bien todo lo contrario, irrespetuosas, irresponsables, adolescentes que se ríen de los demás, violentos, semidelincuentes o delincuentes completos. Pues todo puede suceder, claro, ni yo ni nadie puede asegurar cómo serán sus hijos el día de mañana y por eso no tiene sentido que yo diga que tratando a los niños bien, queriéndoles mucho, dialogando mucho con ellos y enseñándoles a respetar a los demás serán mañana personas de bien, porque no lo sé. Intuyo que no será así porque no tiene mucho sentido, pero bola de cristal que funcione creo que no tenemos ningún padre. Sin embargo, como yo no me atrevo a afirmar que mis hijos serán maravillosos el día de mañana, no tiene demasiado sentido recibir, como recibo a veces de los demás, el mensaje de que mis hijos serán personas problemáticas y líderes malignos por no haber recibido una educación autoritaria, por no haber sido castigados o por no haberles dado un cachete a tiempo.

Digamos que nadie debería criar a sus hijos pensando en una metodología determinada con el fin de conseguir algo. Yo no trato a mis hijos con respeto, yo no duermo con ellos por las noches, ni les lleno a besos, abrazos, juegos y tiempo para que mañana sean como me gustaría que fueran o porque estoy siguiendo un "manual para que su hijo sea buena persona". Yo lo hago porque creo que se tiene que hacer así y, lo que es más importante, lo hago así porque me sale hacerlo así. Dicho de otro modo: las cosas no se hacen para conseguir que un niño sea de una manera o de otra, sobre todo si no te lo crees y sobre todo si es dañino. Yo no decidí no pegar a mis hijos porque pensaba que así serían mejores personas y de igual modo no les pegaría ni aunque me dijeran que así conseguiría que fueran las mejores personas del mundo. Simplemente no les pego porque creo que pegar está mal.

UNA NUEVA PATERNIDAD

Los golpes que recibimos

Muchas personas no son capaces de criticar los golpes, castigos y humillaciones que sus padres llevaron a cabo con ellos porque "a mí me lo hicieron y mira, tampoco me ha ido tan mal". En parte tienen razón, porque la mayoría fuimos criados con castigos, amenazas, cachetes y faltas de respeto y sin embargo hemos ido creciendo, todo esto ha ido desapareciendo, porque a medida que creces y razonas más tus padres te castigan y pegan menos, y finalmente hemos llegado a la edad adulta siendo personas más o menos normales.

Esto es así porque ninguno fuimos pegados lo suficiente, o castigados lo suficiente, o humillados lo suficiente, como para diferenciarnos de manera clara de otros adultos. Con esto quiero decir que no creo que exista un adulto que sea capaz de decir que "pegar a los niños está bien porque a mí me pegaron un montón de pequeño, tanto que ahora soy una persona muy inestable" o alguien que diga "mis padres me humillaron tanto que ahora soy una persona sin autoestima... creo que educaré igual a mis hijos".

Pero esto, como dicen muchos, sería hablar de extremos, de personas maltratadoras, esas que pegan mucho y humillan mucho. Alejándonos de los extremos, lo que parece lógico es pegar, pero no mucho, sólo lo necesario, y de igual modo, amenazar poco, sólo cuando haga falta y humillar a los niños sólo para educarles. De este modo seguro que muchos niños crecerán diciendo en la edad adulta que "no fue para tanto, porque yo he crecido bien".

Sin embargo, yo pregunto: ¿Y si no te hubieran pegado? ¿Y si en vez de gritarte tus padres se hubieran acercado a ti y te hubieran explicado las cosas tranquilamente? ¿Y si en vez de romper la baraja hubieran intentado buscar posturas comunes para ir todos a una? ¿Y si hubieran pasado más tiempo contigo y hubierais tenido una relación con más diálogo y confianza? ¿Serías peor persona si todo esto hubiera ocurrido?

Yo siempre lo pienso así. Yo estoy seguro (o quiero estarlo) de que hoy sería una persona diferente si me hubieran criado de forma diferente. Fui el cuarto de seis hijos y el hermano que me precede estuvo siempre muy enfermo, por lo que mucho tiempo con mis padres no recuerdo haber pasado. Además siempre he sido muy introvertido y los cachetes, castigos y gritos me amilanaban (hay niños que sienten la injusticia y se rebelan, pero yo era de los otros, de los que pensaban que me lo merecía, de los que decidían hacer siempre caso y obedecer ciegamente para evitar más humillaciones). No lo recuerdo todo, pero sí recuerdo el malestar que me producían esos métodos educativos "porque lo digo yo", "por tu bien" y "porque sí, y punto" y el cómo se acrecentaba la distancia entre mi padre y yo cuando esto sucedía. Él se hacía cada vez más grande y yo cada vez más pequeño. Así crecí, necesitando su beneplácito para casi todo, su confirmación de que iba por el buen camino y su palabra final sin la cual yo no daba un paso. Triste, pero cierto.

No sé si esto es extrapolable a una mayoría de población pero tengo la sensación de que sí, de que muchos crecimos obedeciendo ciegamente a nuestros padres porque simplemente era lo que teníamos que hacer para no ser castigados (o zurrados) y yo, al ver que se puede hacer de otra manera, decidí hacer aquello que un día me prometí y que ya no recordaba: "No, cuando crezca no lo entenderé tampoco y no, cuando sea padre no seré como tú".

UNA NUEVA PATERNIDAD

¿Y cómo son mis hijos?

Para acabar creo que sólo me queda explicar cómo son mis hijos. Digamos que soy un padre con suerte. No lo digo porque realmente lo piense, sino porque es lo que suelen decirme: que yo he tenido mucha suerte con mis hijos, como si el comportamiento de los niños estuviera ligado únicamente a la suerte que tienes como padre y no al modo en que los crías o el entorno en el que se mueven.

Imagino que hay gente que realmente lo cree, que los niños que se portan mal lo hacen porque los padres han tenido mala suerte y les ha salido uno malo. Lo gracioso es que a veces hasta te lo argumentan comparándolo con el hermano: "sí, es mala suerte, porque les he criado a los dos exactamente igual, he hecho exactamente lo mismo, y uno es Abel y el otro Caín". Aquí es donde yo suelo decir que quizás ahí está el problema, en que los dos han sido tratados por igual cuando los hijos no son iguales porque no hay dos personas iguales. Unos niños, por su manera de ser, necesitan unas cosas y otros niños necesitan otras. Unos niños, por ser los primogénitos, necesitan ser tratados de una manera y los otros, por llegar a una casa donde ya hay otros niños, necesitan ser criados de manera muy diferente. En ocasiones, el tratar de hacerlo todo igual es el detonante para que muchas cosas vayan mal.

Volviendo a mis hijos, yo he tenido mucha suerte porque mis hijos, según dicen, son muy buenos. O sea, que es absurdo que yo vaya haciendo bandera del "No a los castigos", "No al cachete", "Trátales con respeto" si mis hijos ya han venido de serie respetuosos y nada conflictivos.

La realidad en cambio es muy diferente porque la gente suele fijarse en el fin, pero no en los medios. Es cierto, mis hijos son respetuosos, no pegan (bueno, el mediano ahí anda, que este año ha entrado en el colegio y suelta en casa mucha rabia contenida) y, en general, se comportan bien en público. A veces están más juguetones e inquietos y pueden llegar a molestar, no olvidemos que son niños, pero son capaces de razonar si les explicas que "estáis molestando a los demás".

En realidad, tengo claro que mis hijos son niños como los de los demás y que los niños de los demás no son tan diferentes de los míos. Para mí no es cuestión de suerte, sino cuestión de entorno, de relación, de cómo se les trata. Si **yo tratara a mis hijos como los demás tratan a los suyos, serían igual de traviesos (malos) que los de los demás**.

Por poner un ejemplo (de tantos que podría poner), el pasado verano, en la playa, Aran, de 3 años, pensó en varias ocasiones que irse hacia la entrada de la playa era divertido. En vez de ir hacia el mar se iba en dirección contraria, como si se fuera a casa, corriendo para que papá le siguiera.

Esta escena seguro que os suena a más de uno por haberla vivido o por haber visto a algún padre o madre corriendo detrás del niño que se te va. Empiezas a caminar pensando que volverá, luego ves que se aleja y empiezas a correr, le llamas, le gritas, "¡vuelve!", tú acordándote de que por esa zona, en la oscuridad de la noche, la juventud hace lo que quiere y más y tu hijo corriendo descalzo. Corres más, **le llamas y el niño que no hace caso**.

En ese punto lo alcanzas y le explicas por qué no quieres que vaya hacia allí, el peligro, el riesgo de pisar cristales o a saber qué y que "estamos todos en la orilla, no te vayas solo". Pero los niños, niños son, y a menudo repiten. Es tan divertido ver a papá sudar detrás tuyo, tan tentador, que "voy a probar de nuevo a ver qué pasa".

Se escapa y papá detrás otra vez, a correr. Entonces algunos padres correrían, lo cogerían, cachete en el culo o tirón del brazo y "vamos p'allá que me tienes harto", para la orilla por las malas y "que sepas que te has quedado sin helado". Pero yo no soy así, no me gusta arreglar las cosas así y mientras corro como un tonto detrás de mi hijo, quemándome las plantas de los pies, pienso que **estoy haciendo exactamente lo que quiere que haga**.

Me acerco lo suficiente para hablar con él, le explico el riesgo de ir hacia allí de nuevo y le recuerdo que estamos en la orilla y, cuando casi arranca a correr otra vez esperando que yo vaya detrás le digo, tan tranquilo, que yo ya no juego más: "bueno Aran, que yo me canso y me estoy quemando, me voy para la orilla", y me giro para hacer lo dicho.

No digo que haciendo esto todos los niños harán como él, pero él en ese punto se da cuenta de que a papá el juego de correr detrás suyo ya ha dejado de hacerle gracia. Se gira, **se viene conmigo y se pone a mi lado**. Le doy la mano y juntos llegamos a la orilla.

Esto no es una técnica. No estoy diciendo que cuando un niño se escape hagáis como yo, sólo lo explico porque en ese momento, en esos momentos, hay muchas maneras de actuar. Yo siempre elijo la segunda y, como sabe que siempre elijo la segunda, supongo que desiste de hacerme rabiar: "dos no se pelean si uno no quiere", decía siempre mi madre, pues no me sentiré provocado, hijo mío, porque no quiero cabrearme. Como ve que no le sigo el juego, deja de jugar.

Así que entonces (me) hago la pregunta: "¿No les castigo porque se portan bien o se portan bien porque no les castigo?" La pregunta tiene trampa. De hecho sólo es un juego de palabras, porque "se portan bien porque no les castigo" puede ser cierto, pero puede ser también muy falso si hablamos de padres permisivos que no castigan, pero tampoco corrigen ni educan.

No castigar a los hijos es sólo un detalle dentro de un estilo educativo que escoges, un estilo que podríamos llamar como **educar con calma, con paciencia, con diálogo**, por poner algún nombre. Se le suele llamar también educación democrática, porque a los niños se les da voz y a menudo voto.

No sé, el nombre me es indiferente. Lo importante es saber que **puedes tratar a un niño igual que tratas a los adultos, con el mismo respeto**, contando con ellos, escuchando sus palabras sin decir tonterías como "ahora hablamos los adultos, los niños callan", pero explicando que si ven que dos personas se están hablando es mejor esperar a que acaben de hablar, no hablando de ellos en su presencia como si no estuvieran (no lo hacemos con los adultos, ¿por qué sí con los niños?) y en definitiva haciéndoles partícipes de la vida en sociedad, pero explicándoles que, de igual modo que a ellos les gusta ser bien tratados, a los demás les gusta lo mismo y que, **de igual modo que la gente les tiene que respetar, ellos han de hacerlo también con el resto**.

Motivos para castigarlos he tenido un montón (según el criterio habitual) porque, como ya he dicho, son niños y no robots. Ahora bien, entre Miriam, mi mujer, y yo hemos ido capeando temporales a veces con mayor acierto y a veces con menor (normalmente cuando andas justito de paciencia), observando que, a medida que han ido creciendo, el comportamiento se ha ido puliendo, como quien va regando cada día un árbol seco y se da cuenta, con el paso de los años, que ahora es un árbol lleno de hojas que crece sano y decidido.

En resumen, a ojos de la gente mis hijos son muy buenos, casi modélicos. **A mis ojos son niños normales**, porque en casa hacen de las suyas cuando quieren, que cuando están en la calle saben comportarse y vivir en sociedad, respetando a los demás. Los demás padres los ensalzan: "qué suerte, qué majos son…", pero yo no veo que tenga que presumir de niños porque **su manera de ser es la que yo esperaría de todos los niños y de toda persona.**

Es como si alguien me dijera "¡oye, tú niño no escupe, ni pega, ni grita, ni arranca los juguetes a los demás!". Yo le respondería: "Claro, ¿por qué iba a hacer un niño algo así?". Pues lo mismo: ¿por qué iba un niño a no ser así?

Y es tan reconfortante...

Parece que quisiera vender ahora un DVD con lecciones para educar a niños, pero no, sólo quiero explicar un poco cómo me siento yo, cómo vivo la paternidad, cómo decidí quitarme de encima el disfraz de papá batallador, de papá guerrero y de papá controlador y amenazador.

No llegué a utilizarlo porque empecé a cambiar mi escala de valores bien prontito, pero cuánto lo siento por aquellos padres que no han sabido evitar utilizarlo, por aquellos que sienten que tienen en casa a unos pequeños seres peligrosos a los que deben controlar, limitar y vencer. A aquellos que sienten que educar a un hijo es lidiar una batalla diaria y que, a poco que bajen la guardia, se verán vencidos.

Lo siento porque cuando los niños ven que los padres se visten de guerreros, ellos acaban aceptando la batalla. Es lógico, los niños no conocen otro modo de relacionarse con los adultos porque con los que más se relacionan son con los padres. Si éstos viven a base de batallas, ellos creerán que eso es lo normal y, cuando un niño siente que algo falla, que algo falta, que sus padres no le hacen el caso que merecen, acaban por buscar un modo alternativo de recibir atención y no serán ellos los que digan "de acuerdo, a partir de ahora os trataré, papá y mamá, con más respeto del que vosotros me profesáis", porque ellos no son capaces de relativizar (para ello deben conocer más escenarios). En resumidas cuentas, cuando los padres creen que sus hijos vendrán a presentar batalla y empiezan a forzar situaciones, a tratar de doblegar su carácter y a intentar que modifiquen conductas mediante castigos y humillaciones empiezan a perder al niño. En ese momento empiezan a separarse de él, a desvincularse, a situarlo enfrente y no al lado, que es donde mejor crece y se desarrolla un niño.

Por eso yo decidí en su día no ponerlos enfrente, sino dejarlos a mi lado y dejar que fueran ellos los que, como niños, se pusieran delante mío para, en ese momento, explicarles por qué los prefiero a mi lado. Ellos no pueden aprender de mí si estamos enfrentados y yo no puedo aprender de ellos tampoco. Sin embargo, si vamos juntos, si nos entendemos o si al menos tratamos de hacerlo, ellos podrán aprender de mí y yo podré aprender de ellos. Podremos negociar, pactar y dialogar y podremos tener una relación de confianza, de esas que se disfrutan.

Son muchas las personas que en vacaciones desean que vuelva septiembre para volver a la rutina y para no tener que pasar tanto tiempo educando a sus hijos, son muchas las personas que dejan a sus hijos algún fin de semana con la abuela para descansar y hacer vida de pareja. Nosotros no lo hemos hecho ni hemos tenido la menor necesidad de hacerlo. De hecho, ni siquiera hemos tenido la tentación. Son tres, hay momentos desesperantes y hay días en que crees que no puedes más, sin embargo son nuestros hijos, les amamos con locura y sabemos que nos aman. De las personas que amas no necesitas descansar. Uno no necesita separarse de aquellas personas con las que tiene un vínculo sano y una relación de confianza.

No digo con esto que yo sea mejor padre que nadie ni que yo quiera más a mis hijos que los demás. Lo que quiero decir es que si un padre siente que está mejor sin sus hijos que con ellos, si siente que necesita descansar de ellos, si alarga artificialmente su jornada para tratar de llegar a casa cuando los niños ya duermen, si ve que la vida con sus hijos es más complicada de lo que esperaba, probablemente deba hacer un ejercicio de autocrítica para ver dónde está fallando y qué problemas hay en esa relación. Quizás encuentre que debería pasar más tiempo con ellos, que debería mandarles menos y escucharles más, que debería darles un poco más de libertad, que debería utilizar más el diálogo para explicar las cosas y para negociar, que debería ceder de vez en cuando y, en definitiva, que quizás tratando a sus hijos del modo que a él le hubiera gustado que le tratara su padre, las cosas serían muy diferentes. Eso es romper la inercia, eso es ser padre de otra manera, eso es una nueva paternidad.

Alejandro Busto Castelli

Los Asesinos de Peter Pan
*Apuntes sobre los desertores de
la masculinidad establecida*

El hombre que soy a través del niño que fui

Él esperaba mi llegada en lo alto de una pequeña duna de arena, muy cerquita de la sombra del pino de la entrada que custodió nuestros juegos y nuestra relación.

Vivíamos en una casita cerca de la playa a 27 Km. del Montevideo de los años 70, así que durante mi primer año de escolarización, me tocaba marchar a la capital el lunes temprano y volver el viernes por la tarde, después de pasar la semana sin mis padres y mi hermano, en casa de mis abuelos.

Cuando desde su improvisada atalaya mi hermano me veía aparecer junto a mi padre, doblando la esquina, cuentan los ocasionales biógrafos de mi vida, que la ansiedad, alboroto y alegría le desbordaban. ¡Una semana sin vernos!

También cuentan que tan notable como dolorosa era la imagen de sus abrazos contrastada con mi indiferencia y frialdad. Tan solo tenía 5 años.

Yo fui ese niño aparentemente frío a los ojos de los demás.

Yo fui ese niño aparentemente maduro, racional y adulto a los ojos de los demás.

Yo fui uno de esos niños que se portan bien.

Con los años y en el proceso de convertirme en hombre, supe muy pronto, que aprendí sin conciencia a controlar deliberadamente aquellas cosas que sentía. Entre otras la vergüenza y la culpa por sentirme diferente a lo que se esperaba de mi, o debo decir lo que yo creía que se esperaba de mi.

Quizá por los referentes que me tocaron, quizá por variables de personalidad o por la tremenda influencia de mi entorno, fui aprendiendo que no estaba bien sentir ciertas cosas.

Y no estaba bien porque yo era "niño", yo opositaba a "hombre", me tocaba hacer el viaje al "hombrecito" y ese viaje, se hacía de una forma y no otra. O por lo menos eso fue lo que yo entendí.

Desde los ocho años, crecí en un sistema formado por mis padres, mis 3 hermanos, mis abuelos maternos y mi madrina.

UNA NUEVA PATERNIDAD

Los machos adultos de la casa, Papá y Abuelo, vivían fuera de ella, como debía ser, trabajando y produciendo para el sistema interno que era sostenido por todas las hembras. Mamá, Abuela y Madrina.

Así que sin saberlo, mientras ellos sostenían el patriarcado consumista externo, ellas no sé con qué grado de conciencia, sostenían lo que pasaba de puertas adentro, en una suerte de matriarcado interno, burbuja protectora de la sociedad que se cocía en la calle, en plena dictadura militar.

Repasando las fotos del álbum de mi infancia, se me agolpan las culpas, las proscripciones y los "debería".

"Cocinar" a escondidas con la abuela, "robar" aquella muñeca de novia de mi madrina por supuesto con su beneplácito, ver la tele debajo de la mesa por si no podía evitar llorar o compartir con ellas la telenovela de la tarde, bajo secreto de sumario, eran algunas conductas de aquel niño, más o menos observables a la par que interpretables a través de cualquier código social.

La enuresis, el aterrador pánico ante una simple mascara de cartón, el miedo al juicio de los machos de la casa, la profunda timidez para relacionarme con los demás, la búsqueda obsesiva por los resultados que se esperaban de mí, la culpa por la inadecuada construcción del "hombre" en que me convertiría, eran bastante menos observables y de mucho más difícil interpretación.

He crecido con la sensación de ser distinto, de no ser lo que tendría que ser, de ir contracorriente y obviamente ni lo he vivido en calma, ni me ha salido gratis.

El viaje hacia el "hombrecito"

El viaje hacia el hombre conectado con sus emociones es difícil y agotador, lleno de sombras, de letargos, de sonambulismo y largas paradas al borde el camino. Sin embargo, es también delicioso y excitante, curioso y sorprendente, es un viaje de despertar, de reeducación, a veces de transformación. Pero por sobre todas las cosas es un viaje imprescindible e impostergable para los hombres.

Podría perderme en mil análisis antropológicos, sociológicos, psicológicos sobre nuestra condición, sobre los paradigmas establecidos, los roles, el feminismo, el machismo, los patriarcados y matriarcados. Se los dejo a otros.

Hace algún tiempo que tengo la convicción y siento que el cambio de paradigma, hacia una nueva masculinidad, pasa indefectiblemente por nuestro mundo emocional.

Por tomar conciencia de su existencia y no negarlo, por aceptarlo sin juicios atemporales y circunstanciales, por aprender que hacer con él cuando se presenta violento, oculto y envuelto en sombras del pasado.

No hay ámbito de la vida que pueda escapar a la necesidad de sentir.

No existe escondite para las emociones. Toda vez que el mundo de la empresa, ha comprado la idea de la importancia de gestionar las emociones en todo tipo de actividad laboral, de forma noble o innoble, bien para aumentar la rentabilidad, mejorar el clima laboral y la satisfacción de su gente o solo para maquillar su imagen, los hombres nos hemos quedado sin nuestra guarida favorita. El trabajo fuera de casa.

La pareja y su construcción consciente, los hijos y la paternidad presente son ámbitos que huelen a emocionales, que sin emociones simplemente son otra cosa diferente. Pero en ellos no estábamos. Todo el sistema ha entendido tradicionalmente que nos tocaba hacer otra cosa, "de algo hay que vivir" decíamos, probablemente seguimos diciendo.

En general pero sobre todo a nosotros, los hombres, nos han enseñado y así hemos querido creerlo, que alguien muy emocional, es alguien más frágil. La razón todopoderosa, equilibrada y conservadora como herramienta de control sobre el corazón, loco, débil, arriesgado.

En la división de escenarios dentro y fuera de casa, interno y externo, familia y trabajo, en el reparto de poderes y de fuerzas, en el modo de vivir cada uno su mundo emocional, los roles quedaron asignados y marcados a fuego y transmitidos culturalmente una y otra vez.

Educación, crianza, sostenimiento de la familia para la mujer y para ella su debilidad emocional. Dentro la vida es más sencilla que fuera, dentro todo está más controlado. Dentro nos podemos permitir que el corazón mande… por lo menos hasta que el macho llegue para poner control al desorden.

La construcción del orden mundial, la sociedad, el trabajo, las normas, la gestión del poder y del dinero, para los hombres. Poderosos y racionales, físicos y mentales. Fuera la vida es más difícil, nada está bajo control. Fuera no puede mandar el corazón.

Creímos y a muchos les gusta seguir creyendo, que sin acceso a nuestras emociones, seríamos más fuertes para el papel encomendado.

Y sucedió lo inevitable. No se puede decidir arbitrariamente que es debilidad o fortaleza según la conveniencia de un determinado sistema político-económico. No se puede mantener la farsa durante mucho tiempo. Y las mujeres lo supieron.

Cuando en el comienzo de todo, desde su vida intrauterina, esas las débiles, crecen desarrollando antes y mejor su sistema nervioso central, y una vez abiertos los ojos, el sistema les permite sin dificultades, tomar contacto con su esencia emocional, ellas resultan más inteligentes en todos sus aspectos. Luego poderosas de verdad, desde lo interno, desde las tripas. Y conocedoras de un poder más real y tangible, las mujeres entonces deciden salir fuera, deciden que van a ser parte de la construcción social externa ellas también y lo van a hacer con lo mejor que tienen. El corazón.

Lamentablemente para todos, el patriarcado reaccionó rápido. El impulso del corazón no duró demasiado.

Como le sucedió a Pizarro y a Cortés los espejitos de colores del poder superficial y externo del sistema fueron suficientes para convertir en machos desconectados a un montón de mujeres que persiguiendo la igualdad, se quisieron convertir en nosotros, ahora igualadas si, a nuestro lado más oscuro.

La verdadera igualdad sigue aun sin cuajar en tanto en cuanto nosotros no emprendamos el camino de regreso.

Ese día y conectados con el sentir, de vuelta a casa, sosteniendo también, criando también, amando desde la presencia, recuperando el tiempo perdido, ese día el círculo se cerrará y habremos ganado todos la batalla de la igualdad.

Los miedos de los hombres

El machismo ha sido la herramienta que el patriarcado, ese gobierno totalitario omnipresente de los hombres sobre el resto de los mortales, ha utilizado para contener, aplacar y modificar la revolución de las mujeres.

Primero la confinó de puertas adentro y la encarcelo en su propia casa. Y en una suerte de perpetuación de la mentira, además le entregó la llave de su propia prisión. Encarceladas en sus casas y sus labores, desprestigiar el hogar fue tarea sencilla. Todo lo verdaderamente importante sucede fuera de casa. Tanto es así que a día de hoy no se reconoce el trabajo dentro de la casa, todavía en el siglo XXI debatimos sobre el reconocimiento y los beneficios sociales para los seres humanos que se encargan de lo doméstico.

Es una perfecta adaptación del rol que necesita el macho para sentirse superior. Tú la inferior, la débil, la emocional, te ocupas de lo menos importante. Yo el superior, el fuerte, el racional, construyo el mundo… y de paso lo dirijo.

Cuando la mujer cogió la llave que le habían dado y abrió la puerta, lo hizo para pelear por construir, ella también una sociedad diferente, la suya y por supuesto quiso también aspirar a dirigirla.

Como en cualquier régimen totalitario, una vez que la mentira y el engaño dejan de funcionar, cuando los sometidos despiertan, no hay mejor manera que molerlos a palos para que vuelvan a dormirse.

Y en esa estamos todavía a día de hoy. Los hombres moliendo a palos a nuestras mujeres, muertos de miedo por perder el control de lo que tanto nos ha "costado" conseguir.

Dice Eduardo Galeano refiriéndose a la lacra del maltrato machista,

> *"Pero ninguno, ninguno, ni el más macho de los supermachos tiene la valentía de confesar 'la maté por miedo', porque al fin y al cabo el miedo de la mujer a la violencia del hombre es el espejo del miedo del hombre a la mujer sin miedo".*

Y así hemos construido esta sociedad nuestra. Desde el miedo.

El miedo atroz del hombre al verdadero poder de la mujer.

El poder de dar la vida.

¿Cómo no temer al ser humano que es capaz de crear a través de su cuerpo otro ser humano completamente diferente y único? ¿Cómo no temer entonces la cercanía de una Diosa?

Porque al final del cuento, la vida la engendran ellas. Nos acogen dentro, regalándonos un latido, para abrazarnos fuera mientras bebemos oro líquido a través de su cuerpo y así prepararnos para el crecimiento.

Ni un solo hombre de la tierra, de ningún tiempo, de ninguna condición es capaz de acercarse a nada parecido a esto. Ni uno solo. Curiosamente las religiones monoteístas más importantes del mundo quieren hacernos creer que sus dioses y sus hijos eran machos. Parece un chiste.

La revolución pendiente

Desde el punto de vista de un nuevo orden social, más solidario, más justo, del punto de vista de los valores y los principios, del punto de vista de la igualdad, la revolución femenina ha sido un fracaso.

Seguramente, un fracaso provocado y no buscado. Entre otras cosas porque los posibles damnificados no estaban por la labor. Los carceleros pensaron aquello tan viejo de si no puedes vencer a tu enemigo únete a él. Así que jugaron a la igualdad, en todo lo que fuera bien visible.

Sin embargo la mujer "liberada" de la opresión machista, sigue encarcelada en una prisión intangible, donde los barrotes no son tan claros y los carceleros menos. ¿Contra quién o qué luchar ahora que la mujer está liberada? ¿Acaso contra otras mujeres, más perversas que los machos opresores? ¿Acaso contra todos los machos, incluidos aquellos que luchan al lado de las mujeres contra el sistema?

En España, la mujer sigue hoy sin cobrar lo mismo que nosotros por un trabajo similar en pleno 2012.

Sigue siendo la que dice presente mayoritariamente en la crianza y educación de nuestros hijos, sigue ocupándose más y mejor de la logística de una casa, trabaje o no fuera de ella y solamente obtiene reconocimiento social si lo hace fuera de ella.

En el mismo año que acaba de terminar han muerto en España, a manos del machismo asesino casi 60 mujeres, y algo más de 600 mujeres desde el 2003.

Desde mi visión la revolución femenina ha sido imprescindible, positiva y necesaria. Aunque incompleta.

Ahora nos toca a nosotros. Somos los hombres reconectados y reeducados los que tenemos que iniciar o acompañar esta revolución, pendiente aún y lo tenemos que hacer en nombre de nuestros hijos e hijas.

Para perpetuarse el sistema necesita adultos temerosos, que se acepten y conozcan poco o nada, que cuestionen lo justo, que no sean ni muy creativos ni atrevidos. Adultos con poca información o con la información seleccionada, articulada, castrada. Adultos que repiten los discursos de otros, que no brillan con luz propia, que eligen su opción política como eligen su equipo de fútbol, egoístas, ombliguistas, lejanos, fríos, herméticos, rencorosos…y profundamente independientes.

En pocas palabras, hombres y mujeres que desconozcan por completo su máquina emocional.

Y el camino más directo es facilitar la endoculturación rabiosa desde antes de nacer. Y para eso se necesitan cómplices no muy conscientes de serlo.

UNA NUEVA PATERNIDAD

Se necesita que padres y madres en nombre del amor contribuyan sin saberlo con mano de obra aletargada, racionalizadora, resignada y mediocre.

A los padres, exiliados de lo verdaderamente importante, el sistema los tiene muy ocupados en labores de mantenimiento y perpetuación de sí mismo.

A las madres, le reconoció sus errores del pasado, abrió la cárcel y mientras ellas contentas se liberaban del opresor, les cobró el "favor".

¿El precio? Exiliarse de sí mismas y arrebatarnos a todos lo verdaderamente esencial. Una maternidad profundamente consciente.

Y así la jugada maestra fue ofrecer un montón de recetarios científicos de unas cuantas disciplinas no menos científicas, para sin pensar mucho y sobre todo sintiendo muy poco pudiéramos criar y educar a nuestros hijos e hijas.

La idea de "deje su educación en nuestras manos de 0 hasta el primer trabajo", es muy cómoda porque mientras eso sucede, unos seguimos dominando el mundo y las otras jugando a igualarse.

Mientras tanto el sistema se perpetúa, porque no hace falta preguntar qué tipo de adultos se encontrará para seguir vivo.

Tengo la claridad que no podemos sentarnos a esperar que mujeres más conscientes, sean nuestras madres, hermanas o parejas nos abran los ojos. No podemos esperar a que nos "pidan ayuda", tenemos que enfrentar esta realidad.

Nos robaron nuestra capacidad de sentir pero todo el aparato emocional está intacto dentro de nosotros.

Es pura neuro-psicobiología, y por cierto también científica, como las recetas liberadoras que nos venden o enseñan.

En una especie de obsolescencia programada humana, nos han hecho creer que no podemos.

Pero podemos y debemos.

Solo hay que reiniciar, reeducar el software, hackearlo si es necesario, los adultos del mañana, nuestros niños y niñas de hoy, lo necesitan.

Corresponsabilidad: La revolución en marcha

Hace años descubrí el sentido de las palabras. Su propia razón de ser, su etimología. Me compré un diccionario etimológico, seleccione unas pocas y dignas páginas Web sobre el tema y me puse la curiosidad en marcha.

Las palabras que usamos hoy en día, semejan un ejército de amnésicos sin identidad y sin propósito, olvidadas muchas de ellas de su propia historia.

En una especie de juego del significado pasado, atado a otros tiempos mejores o no, la etimología les devuelve la memoria y el sentido.

UNA NUEVA PATERNIDAD

En el entorno en el que me muevo, profesionalmente hablando, se ponen de moda cada día muchas palabras desmemoriadas: *Empatía, sinergia, proactividad, flow, compromiso, honestidad, asertividad, coherencia*...y por supuesto *corresponsabilidad*.

Palabra clave en nuestro papel de machos subversivos, desertores de la masculinidad establecida. Devolvámosle pues, la memoria a esta última palabra.

El prefijo "Co" del latín *Cum* comparte historia con otros como "Con" o "Com". Significa unión, reunión, compañía, compartir, etc.

Si escribo Respons Habilidad, y tu lees responsabilidad, estás leyendo en realidad "habilidad para responder", ya que "respons" viene del latín "responsum", una forma latina del verbo responder.

Y resolver el juego, para que la palabra abra los ojos desde el sueño profundo de su significado pasado es concluir que ser corresponsable es "compartir todas las respuestas que somos capaces de dar ante una situación".

En cuanto a la masculinidad, la paternidad, el mundo de la pareja y la familia, la conclusión es clara. Si podemos debemos.

No hay roles, no hay descripciones de cargo o puesto, no hay culpas, si puedes hacerlo es tu responsabilidad hacerlo.

Uno tiene la sensación que en lo referente a corresponsabilidad en el hogar, en su organización y logística, parece que van quedando pocos dinosaurios. Pocos machos alfa sin perder sus anillos.

En las tareas domésticas clásicas, limpieza, compra, fregar, planchar, ordenar armarios, hacer camas, vaya aquello que se decía o dice "llevar la casa" vamos viendo mucha hombría.

Queda aún cierta "lucha de clases" en el reparto de las tareas. Para el moderno mundo masculino no es lo mismo "cocinar" que "fregar baños". Y no lo es, por que las recompensas sociales asociadas son muy distintas.

A pesar de esta estigmatización de ciertas tareas, parece que el avance es real, aunque insuficiente.

Sin embargo en la crianza y la educación de los hijos, el avance si existe es puro maquillaje. La presencia masculina seguimos relacionándola con tareas de ayuda, más que de implicación, mas de descarga a la mujer que de sostén de ella, más de intendencia que de toma de decisión real.

Probablemente la recompensa social de subirse a este tren del compartir lo domestico, ha arrastrado también a algunos padres modernos a tareas relacionadas con la crianza, pero no se han sumergido y empapado de la crianza en sí.

A nivel social, tu le dices a un amigo: "Vente que hoy cocino lasaña y viene encantado y quizá te pregunte como la haces y si le enseñas.

Tu le dices a un colega de trabajo: "Marcho al Híper que tengo que hacer la compra" y él te cuenta que el ya la hizo ayer por Internet, que por qué no pruebas.

Tú le dices a otro hombre que te vas a reducir la jornada para educar y estar presente con tu hija o hijo y acabas de entrar en la marcianidad más absoluta.

Como he comentado antes, mi visión es que la crianza y la educación de los hijos tienen un profundo componente emocional, así como lo tiene la construcción de la pareja.

Si como hemos dicho, nuestro punto de partida neurobiológico no es el mejor y además socialmente nos han castrado a nivel emocional, el resultado es apenas pasar de cambiar pañales y ejercer una vergonzosa pseudo delegación en nuestras parejas.

Entonces el sistema y su aliado preferido, la cultura establecida, vuelven a la carga. ¡Ojo! Que las ellas demandan algo más que hacer lo que nosotros fuera, ¡ahora quieren que hagamos lo de ellas dentro!

Y así muy simplificado, el sistema está dispuesto a que nuestro papel se parezca a la demanda, pero no a que de verdad lo sea.

Entonces una de sus herramientas favoritas, la publicidad, nos regala papás que cambian pañales, pasean carritos, dan biberones, acuestan solitos en habitaciones monas a sus crías, todo entre blancas sonrisas y rubios cabellos.

No nos regala imágenes de padres que duermen con sus hijos pequeños, ni padres abrazando a la madre mientras lacta su bebé, no nos regala a un padre arrodillado en el pasillo del Súper conteniendo una rabieta. No nos regala a un padre lleno de culpa porque queriendo, no sabe cómo hacerlo mejor. No eso no.

Porque todo esto y muchas otras cosas, son profundamente emocionales, ayudan al propio crecimiento, requieren de una reeducación muy profunda y sobre todo contribuyen a construir autoestimas sanas, espíritus críticos, hombres y mujeres libres de verdad. Todo lo anterior, si se queda ahí, si no da el paso hacia lo imprescindible, solo contribuirá a perpetuar al hombre sin alma, desprovisto de sentido emocional. Un hombre al servicio del sistema, sin libertad, sin criterio, sin luz propia.

Es importante para mí, que discutamos sobre donde esta lo imprescindible, donde lo importante y donde lo superfluo. Que abramos el debate sobre lo que ya estamos haciendo en el camino correcto y lo que nos falta aún.

En esta corresponsabilidad desmemoriada que nos ayudan a construir, ya tenemos padres que cocinan y muy bien, que barren y ponen lavadoras, pero desconocen que dosis deben administrar de paracetamol o ibuprofeno y mucho menos cuando hacerlo y porqué. "De eso se encarga la madre", dicen…

Que no van a tutorías porque no fueron nunca a ninguna ecografía, que no entienden la ira, el desafío y la rebeldía de sus hijos, porque no entienden la suya propia y encima cerrando el círculo les pareció una gran idea, excelente técnica a la par que científica, mandarles a "pensar" con 2 años y entre lagrimas.

No se trata de negar, los pequeños pasos que el hombre de hoy da en dirección hacia la corresponsabilidad.

Tengo la claridad que no se han gestado en la búsqueda de una igualdad respetuosa, ni siquiera como desagravio histórico al sometimiento de la mujer por parte nuestra.

Sin embargo, desde la inteligencia, podemos y debemos construir sobre ello, dando nobleza a las razones oscuras del status quo. Construyamos sobre este hombre-padre logístico y patrocinador de familias.

Cambiar pañales es importante, gestionar las rabietas de tu niño o niña es imprescindible.

Darle la papilla es importante, abrazarle y contenerle si lo necesita es imprescindible.

Darle un biberón puede ser importante, defender con uñas y dientes su lactancia es imprescindible.

Preguntar qué dijo el pediatra es importante, pedirte la mañana y llevarle tú al pediatra, es imprescindible.

Establecer un cierto marco de juego es importante, amarle con la vida e incondicionalmente es imprescindible.

Criar en nombre del amor y por su bien es importante, hacérselo saber y que él lo sienta es imprescindible.

El papel de ellas: ¿La mujer un obstáculo para nuestra implicación?

Una vez un Papá que conocí me dijo receloso: "El niño solo quiere teta, y la teta la tiene ella, ella lo absorbe, ella no me deja, yo querría estar de alguna forma pero es imposible".

No voy a decir que no era cierto... quizá. Quizá aquella Madre no confiaba en su pareja.

Todo tiene un comienzo. La noche que ella parió, él le reprochó que se había pasado pendiente del bebé y que él se había sentido solo, que ni siquiera le había cogido su mano, la de él.

La imagen de un pobre hombrecito durmiendo en una silla solo, contrasta con su pareja rajada, convulsionada, transformada, quizá enamorada, profundamente triste y también muy sola.

¿Dónde está el problema aquí? ¿Quien era el bebe? Honestamente si yo hubiera estado en el lugar de ella, tampoco me hubiera fiado del futuro padre que se escondía en un niño grande.

En realidad he escuchado de una forma u otra estas quejas masculinas muchas veces. Son quejas resignadas, resentidas, algo victimistas con cero acción y ni una decisión sobre las supuestas e interpretables barreras para la implicación.

Sin duda la coherencia de la pareja a la hora de criar, hace más fuerte la estructura interna y los hijos son los beneficiados. Sin duda que una pareja caminando en la misma dirección, poniendo la misma energía, respetando sus diferencias para perseguir el mismo objetivo es lo deseable y diría que hasta lo exigible. En eso andamos muchos.

El problema es encontrar nuestro lugar y el cómo lo hacemos.

UNA NUEVA PATERNIDAD

No voy a negar la existencia de ciertos discursos de algunas Madres, he oído y leído esos discursos cerrados y ortodoxos, he sentido el desprecio hacia el hombre, yo mismo he sido a veces ferozmente cuestionado por otras mujeres por la forma de vivir mi paternidad.

Sin embargo aunque me he sentido mal en ocasiones, siento que no los puedo juzgar.

Puede que a veces uno sea un espejo difícil en el que reflejarse, la constatación de que se puede intentar hacer las cosas de otra manera, la ruptura de la regla "los tíos son todos iguales".

Y por otra parte, no me puedo olvidar, que hay bastantes más ejemplos que explicarían y hasta justificarían estos discursos que al revés.

No quiero engañarme, hemos estado ausentes, dejamos la cueva un día, nos fuimos a cazar y aún muchos no han vuelto.

Estamos como para demandar espacios y que nos escuchen. Estamos como pedir que nos dejen participar de la crianza.

Yo grito y defiendo que tras siglos de machismo, ausencia y patriarcado, convertidos en los enemigos, no vamos a venir ahora con el viento a favor y con la sociedad poniéndonos medallas por que pasamos la escoba y lavamos los cacharros, a pedir que nos dejen participar.

Lo que siento realmente, es que eso es echar balones fuera y poner fuera de nosotros lo que ha sido y sigue siendo nuestra responsabilidad.

Mi creencia es que estos discursos masculinos de queja de los que hablo, en realidad son excusas para justificar lo encantados que están con su rol y la pereza que les da su propia reeducación.

Vivo muchas veces este discurso masculino como un "si ella me dejara, yo haría más cosas".

Es el famoso y cacareado "Es que ella....." Ella no, ella no….

Nosotros, nosotros y nosotros. ¿Qué hacemos o dejamos de hacer nosotros?

Luego señores Papas, tendremos que dar antes que recibir, sostener antes que reprochar, sentir antes que pensar, actuar antes de quejarnos. Señores… asesinemos entre todos a Peter Pan.

No conozco una sola mujer que no suscribiría tener a su pareja intentando todo el día convertirse en hombre de verdad, en un padre presente y comprometido, aunque solo fuera con el secreto deseo de volver a enamorarse de él, a través de esa batalla.

Y como el lenguaje crea realidad, imaginemos un cambio de paradigma que empezara y siguiera con las palabras.

Este cambio nunca pasará por: "¿Corazón, quieres que te acompañe a la ecografía?"

Sin duda el cambio es: "Mi vida, te recuerdo que mañana tenemos ecografía"

Desde mi punto de vista, el problema es hasta donde somos capaces de conectarnos emocionalmente con nosotros mismos y nuestra propia historia. El problema es identificar nuestros miedos.

Primero a ser capaces de hacerlo. Sin memoria histórica y sin referentes es fácil sospechar que no sabremos hacerlo.

Segundo preguntarnos a quién defendemos en realidad cuando defendemos ciertos estilos de crianza, cuando defendemos la bofetada a tiempo, cuando defendemos el castigo, cuando defendemos el "soy el adulto y mando, tu solo eres un niño"…¿a quién, a quienes?

Si como hombres conseguimos sentir y expresar sin miedos y con libertad, de verdad no habrá mucho que discutir sobre nuestro lugar y nuestro papel.

De repente la magia de las palabras nos puede ayudar. Dejemos de pedir que nos dejen participar de la obra, pidamos que nos dejen sentir lo maravilloso de ella.

Empecemos por nosotros. Apostemos por sentir, manejemos nuestros miedos y nos encontraremos con ellas sin ningún género de dudas.

No tendremos la necesidad de pedir que nos dejen estar, porque entonces será cuando por fin de verdad estaremos.

El perro verde
El rol de los padres en crianza

En cierta ocasión le ofrecí a una mamá que acababa de montar una ludoteca, la posibilidad de dar unas charlas o talleres a parejas, con el fin de ir promoviendo una cultura de crianza positiva, con apego, empezar a hablar de cómo construir autoestima sana en los niños.

El proyecto de esta ludoteca era y es hermoso, una persona que había esperado tres años largos para montar su sueño, un proyecto educativo distinto, alejado del concepto parking de niños, "usted vaya de compras, que nosotros se lo miramos". Lo había hecho así para ofrecer a su pequeña una lactancia prolongada, una presencia permanente, una madre comprometida con una manera diferente de hacer las cosas. Habíamos llegado hasta allí buscando un lugar para compartir con nuestros peques sin tener que dejarlos solos, o mirarlos a través de un cristal como en la mayoría de los parques de bolas de Madrid.

Ella me agradeció el ofrecimiento, me miró y con mucho respeto me dijo que no le parecía muy procedente que un hombre diera estas charlas.

Pregunté algo tímido cual era la razón porque la que ella opinaba así. Ella me explicó que sus clientas eran Mamás que en general no contaban mucho con sus parejas para la crianza. Ellas habían dejado sus trabajos, ellas buscaban lugares como esos, ellas llevaban y traían, ellas siempre ellas. Me confesó con la boca pequeña que "el hombre" muchas veces era el enemigo...y a mí me sonó fuerte, y siendo honestos diré hoy aquí que me dolió.

Intente replicar, ofrecí el contundente argumento por lo menos para mí, que si precisamente un hombre hablaba a otros hombres de maneras diferentes de vivir la paternidad…me interrumpió. ¡Alejandro! Chico…es que tú eres un ¡perro verde!

Acorralado mencioné a Carlos González… _ "pues ya sois dos" dijo ella con una sonrisa.

Recordé mi masculina soledad entre mujeres embarazadas, en cada ecografía que hicimos. Mi solitaria presencia entre mamás en las clases de estimulación temprana a las que llevamos a Nico y Candela, la cara de mis compañeros cuando les dije que dejaba el trabajo y me iba de excedencia con Olga y los niños… de pronto aquella chica tenía razón.

Estoy absolutamente convencido que sólo es una percepción, que hay muchísimos hombres que están viviendo la paternidad desde un lugar contracultural. Papas que lamentablemente viven proscritos por sus iguales, que a veces no encuentran los canales o se sienten raros, diferentes, fuera del sistema.

En mis cursos y talleres, cuando por mis comentarios y ejemplos, los participantes perciben que este psicólogo no les va a recomendar a Estivill ni a Supernanny, se acercan tímidamente a compartir su experiencia. "Creo que a ti, te lo puedo contar…". "Tu si me vas a entender…" y comparten que duermen con sus hijos, que han sido parte activa de lactancias prolongadas, que les cogen y abrazan cada vez que lo sienten, que su vida gira en torno a sus hijos…

Me invade un **profundo** sentimiento de tristeza y rabia cuando compruebo que esta sociedad machista, resultadista y enferma arrincona a hombres y mujeres, a los que confunde con recetas mágicas de crianza, buscando perpetuarse una y otra vez., al oscuro servicio de multinacionales de leche en polvo y oscuras maniobras farmacéuticas.

Ese gusto por ser parte de lo que hace todo el mundo, ese gusto por no ser señalado, lleva a mamás que lactan con hijos "mayores" a esconderse o taparse, a parejas que practican el colecho a ocultarlo y vivirlo con culpa, la misma estúpida inmovilidad que nos lleva a callarnos en ciertos hospitales, cuando nos roban el parto de nuestros hijos.

Así hemos permitido que resulte normal ir a dar a luz, y que nos maltraten, nos cesáreen porque sí, rajen a nuestras mujeres y nos roben a nuestros hijos horas y horas, con supuestos criterios médicos, que incluyen darles biberón, calor de lámpara halógena y roce de cuna plástica, mientras su Mamá desespera en una innecesaria sala de reanimación (la mayoría de las veces) y su Padre deambula ridículo consumiendo café por las plantas del hospital.

Madres y padres tenemos una gran responsabilidad en provocar un cambio social, un giro radical. Ellas lo están haciendo, inundan foros y blogs, están presentes en libros y conferencias. Difunden, protestan y con o sin sus parejas han emprendido ese cambio.

Sin embargo nosotros los hombres tenemos tarea. En nuestra mano está la posibilidad de ofrecer un referente modificador a otros hombres. Escribimos poco, asistimos poco a conferencias y talleres, trabajamos demasiado y seguimos siendo parte de la cultura que nos ha traído hasta aquí. Seamos honestos. Hemos sido los enemigos, los ausentes, los que pasábamos por ahí. Digamos basta. No llega con ser un Papá moderno que cambia pañales y da el bibi cuando se lo piden. Hace falta algo más.

Estos perros verdes que aparecen entre mujeres cansadas y superadas por la maternidad exclusiva, deben ser el apoyo y contención emocional necesario para Mamás en postparto, proactivos en la crianza y en la educación, defensores rabiosos de la lactancia a demanda y prolongada en el tiempo y activistas del colecho como una de la más maravillosas experiencias que la paternidad nos ha ofrecido. Dormir y acunar el sueño de nuestros hijos.

UNA NUEVA PATERNIDAD

Rompamos las puertas de ese armario social y cultural, para recordar y recordarnos que en crianza y educación, el amor es la única estrategia. Sin recetas, sin métodos, con el corazón. La única y definitiva estrategia.

UNA NUEVA PATERNIDAD

El otro nacimiento
Construyendo un MaPá

"…Afuera, nuestro mundo espera una nueva vida. Sólo una.

Aquí, desordenado y tembloroso, aún no se que nacen dos cuando nace otro. Ellos tampoco…"

Estábamos a mediados de abril del año 2007, a poco más de un mes del nacimiento de Nicolás, nuestro primer hijo.

Yo me afanaba en los ratos libres que me dejaban los cursos, por arreglar el parterre del fresno centenario del jardín.

De pronto mi suegra que me miraba entre cansada y atónita me dijo:

"¿Por qué no dejas eso para las vacaciones que te van a dar ahora?"

El concepto vacaciones al que se refería mi suegra tenía que ver con que fui de los primeros "afortunados" Papás que gozó de 15 días de permiso de paternidad.

La respuesta me salió del alma: .- *"¿Ah sí? Y entonces quien se va a ocupar de Nico, ¿si yo soy el jardinero?"* Con toda la naturalidad que le ofrecían años de cultura incuestionable me dijo: .-*"tu mujer y yo"* añadiendo un sonoro: .-*"claro"*.

UNA NUEVA PATERNIDAD

Claro para ella, para mi suegro, la vecina octogenaria de enfrente y quizá para mucha gente, hombres y mujeres, de este y otros tiempos. Para mí: oscuro. Muy oscuro.

La anécdota no sólo me conecta con el rol de los Papás en la crianza y educación de sus hijos, un tema que ya abordamos en "El perro verde", sino con mi propio desarrollo como Padre, es decir mi nuevo nacimiento.

¿Y entonces cuando nací? Hasta la llegada de Nicolás parecía fácil esa respuesta. Sigue siéndolo si atiendo a mi nacimiento como hijo. Hace 44 años nací como hijo de mis padres.

De la misma forma que tengo una guitarra hace muchos años y no soy guitarrista, el nacimiento de Nicolás no me convirtió en Papá. Mi nacimiento como Padre es mucho más vago, quizá se comenzó a gestar meses después, al hilo de una reflexión de la Mamá de Nico y Candela.

Psicóloga brillante y Madre consciente, a raíz de mi enésimo cansancio, queja y falta de conexión con Nico, me dijo: .- *"¿qué es lo que estás esperando para convertirte en padre?"*. Ante mi falta de respuesta y mi rostro, ciertamente de enfado, añadió que no lo iba a conseguir así como así, si antes no cuestionaba el hijo que era. Saber qué hijo fui, que hijo soy, para aprender a ser Padre. Dejar morir ese rol de medio hermano mayor de Nicolás, para nacer como Padre. Duro.

No, no me había convertido en el jardinero de la casa, pero tampoco en Padre.

UNA NUEVA PATERNIDAD

No como me siento hoy, cerca de los 4 añitos de Nicolás y con mi Hada Candela revoloteándome y trayéndome una y otra vez a mi lugar.

Dicen que mi Padre nunca cambió un pañal, así que yo parecía haberle superado pese al desastroso primer intento con aquel meconio rebelde pegado al culo de Nico y a mis dedos. También superé el hito del baño y el darle de comer su puré y el de dormirle en brazos.

Y así pasito a pasito. Dormir juntos, aprender a respetarle como ser humano individual y diferente, preguntar que sentía cuando se golpeaba, en vez del manido .-*"no ha sido nada"*, cuestionar limites absurdos: .- *"eso no se hace"* y ni siquiera saber por qué.

Sentí un día que tenía que cambiar la letra de aquella nana de mi infancia. *"Tortitas de manteca para Mamá que da la teta"*...empezaba. Así que de las *"tortitas de cebada para Papá que no da nada"*, que era como continuaba, me pasé al...*para Papá que la acompaña.*

Un amanecer distinto, Olga me dijo que creía que Nicolás nos llamaba Mamá a los dos. Tuve un primer revolcón del tipo: .- *"¿pero cómo puede ser que no exista para él?"*

Olga me miró con ternura, y tuve entonces un segundo revolcón, absolutamente emocional e intenso por lo que eso realmente significaba.

Nico me estaba diciendo lo contrario. Tal vez un sé que estás ahí, un te siento cerca.

Y lo hacía usando la palabra mágica, esa que para el hijo que fui y soy, sigue siendo mágica. **Mamá.**

La llegada de Candela a nuestras vidas en 2008 creó un nuevo dibujo, nuevas relaciones, y un nuevo sistema familiar. Sin duda terminó de ayudar a los comienzos de este Padre en búsqueda. Desde el principio fue más fácil para mí con ella. Estoy seguro que ese es el primer regalo, que sin saberlo, le ha hecho Nico a su hermana.

Durante la excedencia del 2010, Candela se lanzó a hablar.

En un giro inesperado el primer día que se refiero a mí, me dijo "Mapá".

Como aquellas contracciones que ayudaron a parirles, mis hijos me ayudaron a nacer como Padre. A día de hoy ambos parecen haber entendido que he nacido y ando en la pelea del crecimiento. Me llaman Papá o Papi y está bien. Muy bien.

Sin embargo resulta curioso. Como si supiera que parirse otra vez no es fácil, Candela sospecha que a veces el crecimiento se me hace difícil y duro. Desde una sabiduría que desconozco ella sabe que en ocasiones el niño que fui vuelve y su Papá aterrorizado huye.

Y es en esos momentos, cuando ella me rescata regalándome un tierno *"Mapá"*.

Y entonces regreso sereno, con la firme intención de seguir construyendo, para quedarme en sus vidas para siempre.

UNA NUEVA PATERNIDAD

Yo quiero escurrir lechugas.
Rincones para pensar o encuentros para sentir

Era una mañana cualquiera, una de tantas de aquella añorada excedencia del 2010. Sin niños escolarizados, ni trabajo, el supermercado mañanero era toda una actividad familiar.

Pasillo arriba, pasillo abajo, Candela correteándolos, bebiéndose el instante, Nicolás desde el carro, comandando a la tropa. Tres años y meses de curiosidad y avidez de información.

Sobre uno de los expositores, entre muchas cosas desordenadas, como la Biblia y el calefón en "Cambalache", sobresalía un curioso aparato de plástico, redondo, con manivela superior, blanco traslúcido… horroroso.

Nico preguntó sorprendido: "¿Qué es eso Papá?" ".- Un escurre lechugas" dije lleno de sabiduría, de mapas del mundo ya recorridos.

El espetó un cuestionador "¿y cómo funciona?" y yo le conté la historia conocida de las lechugas empapadas, la manivela que gira, el agua que salta…fue suficiente para que me dijera el temido ¿a ver?..

Le pasé aquel cacharro, dio unas cuantas vueltas a la manivela, a cada giro y con la misma velocidad que giraba aquel engendro, iba transformándose su cara de felicidad.

Dijo: "Lo llevamos". No fue pregunta, fue afirmación. Y le expliqué que 5.90 € era mucho dinero para un aparato que iba a dejar de funcionar a la segunda lechuga, y que en casa las secábamos con papel y tal y cual…

Dejó el escurridor en mis manos para que yo lo dejara en el cambalache y seguimos nuestra actividad familiar por otros pasillos alejados de aquel tentador objeto.

Y fue un rato después cuando comprobamos que el cansancio, sumado a ciertas necesidades afectivas, hace estragos en los pequeños.

No creo que tardáramos más de tres o cuatro minutos en decidirnos por los kilos y tipo de patatas que compraríamos. Tal vez cinco, lo cual es una proeza, cuando hay 15 bolsas diferentes delante de ti.

Y fue tras aquel momento de decisión pateril, que escuchamos el primer…"Papá…yo quiero escurrir lechugas"

La progresión fue desde lo moderadamente sereno, luego angustioso, lleno de mocos y lágrimas, voz en grito, pataletas en el carro, manitas extendidas hacia el expositor y un desgarrador… "¡¡¡¡¡¡Yo quierooooooooooooo escurriiiiiiiiiiir lechugaaaaaaaas!!!!!!!

No voy a escribir sobre las miradas incrédulas, cuestionadoras y exigentes de todo el que por ahí andaba.

Tampoco sobre el inmenso ejercicio personal, de manejo de la vergüenza, de cumplir expectativas y de quedar bien con el respetable.

Intentamos calmarle, explicar con palabras lo absurdo de su petición... pero la crisis no amainaba: **él quería escurrir lechugas.**

En ese momento pasa por tu cabeza que 5.90 € es un precio muy bajo por dejar a salvo tu imagen. Tus sombras te acechan, imaginas lo que otros padres harían, se cierne sobre ti Supernnany y toda tu teoría respetuosa confrontada con un sinfín de rabia, ira, veneno por tu sangre, diablillo rojo en tu oreja que te dice que cortes eso ya.

Con ese feroz discurso interno consumiéndome, mi boca susurraba hacia el exterior un tímido "Nicolás por favor..." cada tres minutos. Él seguía queriendo escurrir lechugas.

La tempestad interna trajo a mi cabeza y por suerte a mi corazón, una brisa que decía, *"No le des lo que te pida, dale aquello que necesita",* palabras de otro tiempo, leídas quien sabe donde, en permanente búsqueda.

Era tan ridícula, absurda y desconectada su petición, que pude encajar la teoría y la práctica. Nicolás tenía un ataque de ira, rabieta le llaman los expertos, en Nicolás y en mí, nuestras neuronas se ahogaban en catecolaminas fuera de control.

Nicolás no quería escurrir lechugas, Nico quería otra cosa. Quizá los cinco minutos de espaldas de sus padres conversando sobre variedad de patatas fueran en su mundo una eternidad, quizá su cansancio tras una hora de supermercado, le conectaron con la rabia, esa que disfraza tantas veces a la tristeza.

Ya en la cola de la caja, y entre señoras que se preguntaban entre ellas ¿pero qué dice? ¿Qué quiere escurrir qué? Nos pusimos la madre y yo a cantar…. ♪ ♫ ♪ *Mamá, Papá, yo quiero escurrir lechugas* ♫ ♪… (Léase acompañado de música tipo cantajuego)

Nuestra "imagen" estaba por los suelos, así que ¿porque no profundizar aún más en nuestro hundimiento social?

Nico sonrió, cambio su respiración, empezó a gestionar su rabia. Su hermana se sumó. Dice la leyenda, que del espectáculo gratuito que ofrecimos en la caja mientras pagábamos, aún se hacen comentarios.

A día de hoy cuando Nico es presa de la rabia, le recordamos ¿Tu no querrás en realidad escurrir lechugas no?...y volvemos a cantar, buscando el ancla, buscando herramientas sencillas para que él pueda manejarse.

Soy del todo consciente que el azar jugó en mi favor. Que si en vez del escurridor, pide un huevo de chocolate, o una bolsa de chuches o un cochecito con luces, quizá no hubiera podido. Puede que no.

No deja de preocuparme como Padre y como profesional de la psicología, lo desarmados que estamos ante la gestión emocional de nuestros hijos, es decir la respuesta observable que ofrecen ante las diferentes emociones que sienten cuando van dando pasos en su crecimiento.

Dicen que una parte importante de la crianza y la educación tiene que ver con facilitar el aprendizaje de los niños. Enseñarles.

Los nuevos gurús de la comodidad, los que se han propuesto facilitarnos al máximo nuestro descanso, nuestro bienestar, el reencuentro con nuestra pareja, proponen sus manuales.

Enseñarle a dormir, enseñarle a controlar sus rabietas, enseñarle a portarse bien, etc., etc.

Y entonces como sociedad inmadura que somos, pequeñita, miedosa, nos parece súper razonable y muy adecuado, que los expertos nos enseñen como enseñar. Básicamente porque creemos que no sabemos, creemos que no podemos.

En cambio aprender un método es fácil. Un cronómetro en una mano, el manual en la otra, el corazón aparcado, nuestro hijo convertido en un punto de la curva normal de Gauss, y nos ponemos en marcha. Ya somos un soldadito más del ejército de padres que contribuyen a mantener lo establecido.

Tenemos para todos los gustos, para dormir, para comer, para dejar pañales, y por supuesto para controlar rabietas. Su nombre en inglés es Time Out, *"Tiempo fuera"* y su aplicación en España es masiva sobre todo en ambientes escolares, bajo el nombre de "Silla de pensar". Pensándolo un poco ha cambiado algo con los años, a mi padre le ponían de pie y espaldas a la clase, ahora los ponemos de frente y los sentamos. Es sorprendente lo que avanza la sociedad.

De pronto tomo conciencia de algo. Si mañana quiero enseñar alemán a mis hijos os diré que tengo un problema. No sé alemán.

Curiosamente he buscado algún manual, similar a los que hay para otras facetas de la crianza, pero todos los que encontré se empeñan en enseñarme primero a mí el dichoso idioma. Y eso da mucho trabajo, requiere tiempo y sobre todo que yo me reeduque en el tema de los idiomas y no sé si quiero.

El razonamiento en relación a la gestión de rabietas es obvio, si somos su espejo, si somos su referente, si para dar algo primero hay que tenerlo, ¿cómo enseña a gestionar la rabia quien no sabe hacerlo?

Nuestro papel es enseñarle NO "a portarse bien" sino a gestionar la basura emocional que le ha generado una situación concreta.

Tenemos como adultos un serio problema en este sentido. Nosotros no sabemos gestionar nuestras emociones, entonces ¿Como me permito pedirle a mi hijo que gestione nada menos que la ira? apartándolo en un rincón, silla o lo que sea, sin mi apoyo, cuando yo, que soy su referente no se gestionar mi propia rabia, incluida la que me genera la rabieta en cuestión.

Las famosas conductas calificadas como inapropiadas, inadecuadas o inadaptadas tienen que ver con la incapacidad del niño para gestionar sus emociones.

Son etiquetadas así, porque efectivamente son inapropiadas, inadecuadas e inadaptadas a un determinado orden social profundamente adulto céntrico. Y por definición un niño cuestiona ese orden porque posee en ciernes todo el potencial que la sociedad se empeña en castrar.

Me encantaría decirte que son muchas las opciones que tienes en relación a las rabietas de tus hijos o hijas. Lamentablemente no es así. No tienes muchas alternativas en lo que a educación emocional se refiere.

Uno: Recurrir a la silla mágica y negar el mundo emocional del niño y de paso el tuyo.

Dos: Tomarte en serio tu propia reeducación, aprender que gestionar emociones es igual a expresarlas, que llevar tu basura emocional a un contenedor es imprescindible en términos de salud mental y física. Aprender que un contenedor emocional son otros brazos, otras orejas….otro ser humano que contiene.

Creer que un bebé de dos años o un niño de siete, va a poder encontrar en minutos, lo que tú llevas una vida buscando, es cuanto menos ingenuo, pero puede ser también tozudo, mediocre y soberbio si te empeñas.

Leo textualmente en uno de los muchos manuales que desarrollan la técnica con lujo de detalles, *"los niños hacen rabietas para que usted les preste toda su atención, para obtener lo que quieren o porque no saben cómo expresarle su ira o sus necesidades"*

¿Y bien? No veo el problema por ningún lado. Es normal que quieran toda nuestra atención, son bebés o niños, es normal que no sepan manejar la frustración y la ira, se están construyendo, es normal que no sepan pedir lo que quieren o necesitan de verdad, es normal que confundan cercanía y piel con un escurridor de lechugas.

Lo que no queda claro nunca, por lo menos a mí, es porque no les enseñamos a expresar con palabras y hechos su ira y sus necesidades ciertas, si este es el diagnóstico compartido. Y si nos empeñamos en enseñarles que ante la ira o la rabia **"nadie te va a ayudar, que mejor te busques las castañas solo y sobre todo piensa, racionaliza, no sientas"**. Le enseñamos que sentir es malo. Y esa es la realidad, por ello están siendo castigados, aunque usemos al síntoma, su conducta observable, como chivo expiatorio.

UNA NUEVA PATERNIDAD

En mi trabajo con adultos en las empresas, éstas me piden que le cuente a su gente, que es la inteligencia emocional, que les enseñe a gestionar la frustración que provoca perseguir objetivos exigentes o un estilo feo de dirección por parte de su jefe, el miedo a perder su trabajo o los cambios naturales de las organizaciones, la rabia ante ciertas actitudes sociales en los grupos de trabajo.

Torpemente, me imagino diciéndoles que cojan una silla o un rincón de su casa, que se sienten a pensar sobre lo feo que está sentir esas cosas acerca de su jefe, su empresa o sus compañeros de trabajo. Que lo hagan en soledad y que no lo compartan con nadie. Sobre conductas no digo nada, porque rara vez alguien hace algo, además de callarse ante ciertos atropellos.

Si mi ensoñación fuera real, estaría con mi trabajo engrosando varias filas de colectivos: Los enfermos cardiovasculares, los enfermos de cáncer y los infelices. Todo en uno.

Sin embargo, hago otro tipo de trabajo, enseño a vomitar, a expresar, a sacar fuera, a conectarse con el mundo emocional. Cambiamos las creencias sobre la etiqueta moral, simplemente porque no está mal sentir, es natural sentir según qué cosas en cada circunstancia.

En todo caso lo que podría ser condenable es lo que hagamos con lo que sentimos. Pegarle un puñetazo a aquel compañero, mandar a la mierda al jefe o seguir aceptando calladamente y en silencio que te exploten y te falten a tu dignidad solo por no perder tu trabajo es en realidad lo inapropiado, lo injustificable.

Sentir no es un problema, es nuestra esencia, lo que es un problema es no saber qué hacer con lo que sentimos.

Y eso es lo que les pasa a nuestros niños en multitud de ocasiones, con el agravante de que sus espejos fundamentales, padres y madres, tampoco lo saben.

Sin duda muchas de las conductas observables en una crisis de rabia, no son tan asépticas como una pataleta por un escurridor de lechugas. Insisto en mi fortuna por la elección que mi hijo hizo en su petición.

No siempre ha sido así, algunos episodios de celos con su hermana, con agresiones incluidas, han sido gestionadas siguiendo el mismo patrón de respuesta emocional.

Inundados de neurotransmisores vinculados a su parte más energética, los niños pueden pedir cosas que atenten contra su propia seguridad o llegar a agredir a otros niños o adultos.

La firmeza, la palabra y una vez más la conexión emocional son claves.

Si un niño "exige" jugar con los cuchillos de la cocina, es obvio que no puede hacerlo. ¿Pero por qué? La respuesta racional rápida es "por su seguridad", la respuesta emocional meditada es "porque tengo miedo a que se haga daño".

¿Y si probáramos a decirles lo que sentimos? Con serenidad y firmeza que no enfado, huir de los tópicos adoctrinadores "los niños no juegan con cuchillos", "eso no se hace", "eso es muy peligroso" para avanzar hacia "a Papá le da mucho miedo y se pone muy nervioso cuando juegas con ellos". Añadiendo "Papá entiende que te enfades cuando no te dejó hacerlo, es normal que sientas rabia"

Aunque puede que los haya, todavía no he encontrado a un padre o madre, que deje llorar a su bebé en la cuna tal como ciertos métodos plantean, ni sentarlos en la "silla pensativa", tal como se pide que se haga... Invariablemente los padres y madres modifican elementos de la receta en un intento de manejar su propia emocionalidad y la diferencia individual, la unicidad de sus hijos. Por eso siento que hay espacio para el cambio.

Quizá haya llegado ya la necesidad de cambiar los paradigmas acerca de educación infantil. De repente no estaría mal girar nuestros sentidos hacia aquellos autores y escuelas, que se han centrado en el ser humano. Tal vez tengan más y mejor información para nosotros que aquellos que se han centrado en las ratas. Apuesta ahora por ti primero, por tu propia reeducación emocional. Sigue el camino de descubrir tu emoción tras la norma impuesta, que hay detrás del "eso no se hace", que sintió en ocasiones similares el niño que fuiste, cuál fue ese terrible momento de tu historia en que un adulto te dejó solo con tus emociones.

Una vez en contacto con tu sentir, con tus emociones, una vez que hayas experimentado romperte en brazos de otro, seguro que sabes que es lo que tienes que hacer con tus hijos.

Quizás te agaches a su altura pequeña y a la altura de su mundo pequeño, quizá intentes abrazarle para contenerle…para contenerte, quizá cambies aquel "no pasa nada, ya pasara" por "¿Cómo estás? ¿Cómo te sientes?...Cuéntamelo". Quizás entiendas sus porqués, empatices con su mirada y sus necesidades, quizá le cuentes como viviste tu aquello tan parecido, quizá le digas "Papá te entiende, porque a papá le paso una vez…"

Y así intentándolo una y otra vez el tiempo fuera se convierte en tiempo dentro, no hay sillas o rincones para pensar, porque cada rincón es un lugar donde sentir juntos.

Convertido en maestro, enseñaras si, enseñaras cual es la fuerza de la empatía, de la piel, de la comprensión, enseñaras la fuerza del colectivo, del apoyo, de la solidaridad y tras mucho esfuerzo y trabajo tendrás por fin tu propio "método" no trasladable a otros, ni siquiera entre hermanos y quizá un día tu hijo o hija te regalé su aprendizaje sereno, cuidado, respetuoso.

Ese día llegará y tal vez como a mí, se te desordene el alma cuando escuches "Papá dame un abrazo por favor, que hoy no me siento bien".

UNA NUEVA PATERNIDAD

Las tetas de Papá tienen pelos
Los hombres y la lactancia

"...Me gustan tus pechos primera línea de ataque,
Me gustan porque se te anteceden en el deseo,
Me gustan porque están dispuestos a la segunda batalla,
Me gustan por delatores, por tentadores, por guerrilleros,
Me gustan porque son imán cuando mi boca es de metal..."

Primero fue el delirio. El deseo profundo, absurdo, atrevido, inexplicable. Un golpe de claridad tras la calma, el revoltijo, el amor evaporado a través de la piel. La enorme necesidad de que aquella mujer desnuda entre mis brazos fuera la madre de mis hijos o hijas.

Confieso no haber sentido eso nunca antes de aquel instante.

La búsqueda consciente y permanente del hijo, la ilusión de la vida en ciernes, la constatación del delirio compartido.

También la frustración, la luna roja amenazándonos cada mes, las pruebas de embarazo en la basura, las lágrimas violentas empañando nuestros sueños, así fue durante dos largos años nuestra carrera por la *Mapaternidad*.

Con la infertilidad acosándonos, con el cansancio a cuestas por el dolor, quisimos ser padres más allá del arco iris y para ello el guión establecía una renuncia. Renunciar al hijo biológico. Renunciar a nuestro delirio.

El trabajo personal en este sentido nunca parece estar concluido. Cabalga todo el tiempo a lomos de la razón, los datos, los diagnósticos. Cada uno de nosotros hizo lo que pudo o supo.

Nos preguntábamos una y otra vez hasta que punto era o no importante el tener una barriga y verla crecer, hasta que punto aquello tantas veces soñado de las caricias por las noches redibujando un nuevo ombligo en la panza cuna, era prescindible.

Nos alimentaba pensar y verbalizar que lo verdaderamente importante era el amor por el hijo nacido, aunque naciera del corazón y lejos de nosotros.

Con honestidad sigo pensando que no nos equivocamos en el intento de adoptar, que llegamos a desear con una intensidad inimaginable ser padres de un niño o niña lejano en la tierra y cercano en la piel.

Vaya si lo deseamos. Tres años largos deambulando metafórica y literalmente por diferentes rincones del planeta buscando un niño o niña al que amar.

Y con la misma honestidad confieso también que nunca me pude sacar de la cabeza todas las "fotografías" con las que tejí aquel delirio. Todas las imágenes soñadas de Olga embarazada, con su serie de barrigas en aumento, los masajes sobre su piel, la música clásica pegada al ombligo, mi voz hablando bajito… "soy tu papá"…

Nunca pude renunciar a la imagen de ella pariendo, los nervios previos, su lucha contra una parte de sí misma, las lágrimas con el bebé en brazos, soñaba incluso en que mis manos fueran las que ayudaran a nacer.

Como pude las arrinconé, me descubría evitando mirar a otras mujeres embarazadas, huía de conversaciones sobre el tema, incluso "olvidaba" inconscientemente el embarazo de gente cercana.

Sin embargo ninguna estrategia funcionó con una imagen tan reiterativa como rebelde: Olga lactando.

Sus pechos fuera de la ropa, el bebé prendido a ellos, su cuerpito desmadejado completamente acurrucado, sus ojos cerrados, su manita enredada en el pelo de la más importante de mis mujeres.

No hace mucho supe que la lactancia era posible en ciertos casos de adopciones. No me juzgo sin tiempo, en aquellos duros años de infertilidad, quizá desde la ignorancia, quizá desde mis sombras, no podía asumir que mis hijos no tomarían teta.

Fueron 7 años siendo asaltado con frecuencia por estas imágenes, 7 años intentando resignarme. Nunca sería parte de la lactancia de mis hijos. No tomarían teta de su madre conmigo cerca, pegadito a ellos.

Obviamente la afectación iba mucho más allá de lo que emocionalmente me pude permitir y de lo que por supuesto conté en las entrevistas con la psicóloga del T.I.P.A.I. (Turno de Intervención Profesional en Adopción Internacional)

Se me dibuja una sonrisa ruborizada, cuando recuerdo las líneas de aquel informe que redactó aquella magnifica profesional, ahora tras los años y las experiencias también amiga, acerca de mi: "por momentos él es algo racionalizador". Y si amiga…algo.

UNA NUEVA PATERNIDAD

Pero ¿porque me afectaba tanto? y complicaba mis requiebros racionales, mi "gran trabajo personal" acerca de mi futura paternidad adoptiva.

Con Nicolás y Candela ya entre nosotros, en uno de esos días de búsqueda del niño que fui, le pregunté a mi madre como había sido mi lactancia. Estuvimos charlando un rato sobre mi agarre, como me dormía nada más empezar a lactar, como fue para ella, con tan solo 18 añitos darle la teta al primero de sus hijos.

Y entonces algo resonó en mí cuando me dijo que solo había podido darme teta apenas 5 meses. La llegada de mi hermano, probablemente la juventud y la falta de información abortó mi lactancia.

Ahí estaba ante mí, una de mis sombras.

Durante los años de no padre, había puesto especial interés en los procesos de lactancia o no, de amigas y mujeres que compartían nuestra vida. Los porque sí, los porque no. Los tiempos, las dificultades, los precios. Sin juzgar, sin saber, probablemente construyendo también mí camino de forma inconsciente.

Y fue en aquellas conversaciones que alguien compartió con nosotros la ruptura de una pareja con hijos pequeños. El desamor como tema de conversación permanente amenazando nuestras estabilidades.

El chico de aquella pareja rota, había confesado entre hombres, que desde que su mujer era Madre, ya no era la misma. Habló de estafa… y aún resuena el eco de una de sus frases: "sus pechos huelen a leche todo el tiempo"…

UNA NUEVA PATERNIDAD

Somos pocos los hombres que nos hemos atrevido a hablar de las tetas de nuestra pareja entre iguales. La conversación preferida suele ser sobre los pechos de otras mujeres.

Hoy pienso que para una vez que uno decide hacerlo, se lo podría haber ahorrado.

Desde toda la desnudez emocional que soy capaz de escribir, yo confieso que al escuchar esa historia tuve miedo. Si, miedo a sentir algo parecido. Miedo a que mi historia y mis sombras me arrasarán, y que por un momento la lactancia, los embarazos, los hijos nos destruyeran. No ha sido la única vez que me ha tocado escuchar a los machos justificando sus fracasos, mentando a sus hijos. Repugnante.

El otro tema recurrente, esta vez en las ellas, es como se "quedará" el pecho tras la lactancia. No es más que la cara oculta de la moneda anterior. Como se quedará… ¿a los ojos de quien?, claro. Y ahí estamos otra vez nosotros con nuestro juicio y nuestras "estafas".

Y ahí están los referentes sociales y los cirujanos plásticos. Otra forma de violencia, encubierta y sutil. La exigencia masculina de que la mujer no se transforme, no cambie, no mute, no se convierta en otra cosa tras la maternidad. Quizá porque nosotros estamos muy acostumbrados a eso.

Me reconozco hace más de diez años escribiendo a las tetas de mi pareja como metáfora de la utopía de una relación complicada, difícil, imposible decían.

"Pechos guerrilleros" decía entonces, y creía que eran míos, lo confieso.

Hemos lactado durante cuatro años con los dos peques. Durante ese tiempo aquellos pechos otrora guerrilleros libraron con éxito otra batalla, testigos mudos de la pasión del resto de dos cuerpos, exiliados de las caricias y los besos, convertidos en alimento emocional y físico de mis hijos.

Durante estos años he sido parapeto de los intrusos, de los cuestionadores, de la soberbia y la ignorancia. He aprendido la técnica como si las tetas fueran mías, leí todo lo que pude y ayudé en las primeras tomas y los primeros "subidones".

Con Candela estuvimos a punto de perder la lactancia. El cansancio del hospital, una bronquiolitis de Nicolás desde la primera noche, lo pequeñita que era la niña, su falta de fuerza para succionar, todo apuntaba en una dirección. Comenzamos a recibir "instrucciones" de darle complemento, pero ya no era el primero y sabíamos que si Olga descansaba bien por las noches, no tendríamos problema.

Dormí solo con la niña tres noches, dándole biberón de la leche que conseguíamos extraer durante el día. Tras esas noches la lactancia se restableció sin problemas hasta pasados los tres años.

Precisamente en ese tiempo, con Candela pidiendo "chupitos", madre e hija, desde lugares y síntomas diferentes comenzaron a "negociar", tal vez sin saberlo el destete.

Fue un tiempo duro, de perdida y duelo. Difícil para todos. ¿Qué hace un padre en esta situación? me preguntaba.

Escogí no sin dificultad el camino del apoyo, la contención. Decidí escuchar y agradecer profundamente a quien había ofrecido a mis hijos cuatro años de piel, de ella misma, de su propia historia a través de gotas de leche materna, contra el status quo, contra las miradas furtivas y cuestionadoras, contra su propia debilidad y a favor permanente de sus crías, convencida de que era lo mejor que podía darles en ese momento.

Con la pequeña Candela me quedaban mis brazos como cuna y ofrecerle todo lo que de alimento emocional yo podía dar, sin tetas.

Un día le dije, desde la admiración y la envidia: "Mi amor, ¿quieres que papá te de la teta? ¡Papá también tiene tetas!

Sonrío… y con una envidiable serenidad y pasmosa certeza, me dijo:

"Las tetas de Papá no tenen leche… tenen pelos"

Y así me devolvió a mi lugar, a mi rol, al mundo de los sin tetas, a la dimensión de aquellos varones que queremos ser parte de todo el proceso, incluso de aquellos lugares que parecen más ajenos.

Aquellos miedos inoculados por otros hombres temerosos, han quedado atrás. Una nueva hembra, más poderosa, más deseable, más atractiva, más fuerte que nunca, más admirada que nunca se presenta ante mí.

Aquellos pechos tentadores hoy son más delatores que nunca y cumplida su incuestionable misión, arriesgan de nuevo por carreteras secundarias que mantienen inalterable el lugar donde comenzó el delirio. Ese deseo irracional de que esta mujer y solo ella, fuera la madre de mis hijos.

UNA NUEVA PATERNIDAD

UNA NUEVA PATERNIDAD

Elvis Canino

Escuchando al corazón

"...Pero los ojos están ciegos. Es necesario buscar con el corazón..."
El Principito

Para mí sería imposible escribir o hablar sobre paternidad sin comenzar por mi propia experiencia, por ese torbellino de emociones agradables y no tanto, que me invadió en el inolvidable, irrepetible, distinto y congelado en el tiempo, momento en que sentí por primera vez mi propia alma reflejada y plasmada en otro ser viviente... mi hija.

Pues resulta que cuando la vi por primera vez me aterroricé. Así como lo oyen, me inundó un rio de sensaciones, colores y sonidos extraños que dejaron mis sentidos en un total estado de Shock. Sentí a la vez alegría, sorpresa, unas ganas irresistibles de llorar, de gritar, de saltar, tantas cosas que quise hacer y no hice, posiblemente debido al miedo o al tan arraigado y difícil de desprogramar condicionamiento patriarcal que dice que los hombres no debemos expresar libremente nuestros sentimientos, o dicho en lenguaje claro, que "los hombres no lloran".

Recuerdo que todos a mi alrededor gritaban, reían, me abrazaban, hablaban, ¿y yo? en un estado muy parecido al silencio total, mi mente prácticamente en blanco tratando de reaccionar de una manera aceptable, tratando de decidir qué decir, qué hacer, pensando algo así como: - Quiero estar solo ¿Y ahora qué hago? ¿Y el manual? ¿Dónde está? –

Mi hija nació por cesárea, la habían separado de su madre, ésta seguía anestesiada y no se me había permitido la entrada a quirófano. Solo podía saber de mi esposa a través de un enfermero que fungía de mensajero. A mi hija la pude ver solo a través de un cristal, no me dejaron tocarla hasta pasadas dos horas del nacimiento. Allí estaba ella, frágil, pequeña, sola. Y allí estaba yo, sorprendido, confundido, rodeado de gente pero al mismo tiempo solo.

Cuando por fin pude cogerla en brazos lo hice con cierto temor, pero a medida que mi piel y su cuerpecito se percibían mutuamente algo iba despertando, aclarándose, encajando… creo que el amor comenzó allí mismo a despejar cualquier duda.

Ella apenas acababa de llegar a este Mundo y se encontraba lejos de su madre, había sido extraída del cálido y seguro mundo uterino para ser dejada por más dos horas sin ningún contacto físico, al igual que los otros bebés que le acompañaban en lo que llaman el "reten maternal" (vaya irónico nombre). Ahora que lo pienso bien, creo que su confusión y terror deben haber sido indescriptibles.

Al cumplirse las dos horas de este absurdo aislamiento, por fin se me permitió cargarla. ¿Pueden imaginarlo? Apenas un par de horas de nacida, aislada de todo por lo que para ella deben haber sido años, y de repente soy yo…. Papá, quien debe tomarla en brazos.

Algo me decía (y definitivamente estaba en lo cierto) que ella no debía estar allí, alejada de su madre, justo en ese momento en que ambas se necesitaban tanto.

A pesar de todo eso, sucedió algo extrañamente mágico, por un momento sentí que mi hija me reconoció, ¿Pueden creerlo? Separada de nueve meses de fusión total con su mamá, confundida y aturdida por la separación, el cambio repentino de ambiente y lo frío y poco acogedor que puede ser cualquier quirófano de cualquier clínica y de repente, con tan solo sentir el contacto de mis brazos siento que me reconoce.

Nos miramos a los ojos, la llamé por su nombre y allí estaba ella… haciéndome sentir seguro, tranquilo… transmitiéndome su amor en una forma que jamás podré describir con palabras humanas.

Más tarde, apenas pude colocarla en el regazo de su mamá y tras haberse retirando el batallón de visita familiar, tuvimos nuestro primer momento de intimidad de tres, en el que comenzó a gestarse una especie de fusión que no sé describir pero que hasta el día de hoy no he dejado de sentir jamás.

Debido a nuestra inexperiencia, desconocimiento sobre el tema y a la "recomendación" insistente de las enfermeras fuimos separados de nuevo. Mi esposa y yo en una habitación, la niña otra vez al "retén" junto con los otros bebés, quienes también habían sido separados de sus padres mientras recibían, a través de un frío y plástico biberón, la famosa "solución glucosada" con la que el desmamiferizado sistema médico tradicional pretende reemplazar la mejor vacuna que puede tener cualquier recién nacido y que se llama calostro.

Pero la fusión ya estaba hecha… al poco tiempo nos trajeron a la bebé de regreso a la habitación por ser, según las enfermeras de turno, la que más lloraba. Creo que ese fue su primer mensaje para este par de inexpertos padres. Ese mensaje que afortunadamente fuimos aprendiendo a descifrar y que nos ha llevado a esta maravillosa forma de ver la vida, de muchos abrazos, de mucho contacto y de amor ilimitado.

Como imagino le pasa a la mayoría (y me gustaría que no fuese así), nos comenzaron a llover sugerencias para una crianza "práctica", cómoda y desapegada desde el primer momento. Las enfermeras, la pediatra, la familia, los pacientes de al lado, los vecinos, el señor de la farmacia, todos hacían fila para poner su granito de arena en esa especie de "conspiración" que promueve el desapego y el no-contacto piel con piel entre los padres y su progenie.

La mayoría coincidía en sugerir la formula materna artificial desde el primer día como complemento de la lactancia, por aquello del peso y la robustez; nos decían que debíamos acostumbrarla también a dormir sola en su habitación para que se acostumbrara desde ya a no perturbar nuestra intimidad de pareja (¿y el puerperio?); que la dejásemos llorar hasta que se fuese adaptando, ya que no se puede atender a un niño cada vez que lo pida por aquello de la "malcriadez"; que no la cargásemos en brazos; que no la mimásemos "más de lo recomendado"; que no hiciéramos esto, que no hiciéramos lo otro… Se podría escribir un manual más largo que el Quijote de Cervantes, sobre los consejos que recibiría cualquier padre o madre del mundo, en nombre de la "biencrianza" y de la complacencia a la sociedad.

Pero, afortunadamente hicimos oídos sordos al bombardeo de sugerencias, dejamos de escuchar a los "opinólogos" de turno, tanto a los titulados como a los auto-didactas, y decidimos prestar más atención a nuestros propios instintos. Pienso que justo allí en lo más profundo de cada uno de nosotros, se encuentra latente una gran cantidad de información; como el resto de los animales tenemos un manual de instrucciones guardado en el fondo de nuestro ser.

Un manual que nos permite ser más mamíferos y menos "humanos". Que nos invita a sentir más y razonar menos.

Un manual que nos permite equivocarnos, ya que no somos perfectos, pero que siempre deja que su vocecita nos alerte cuando estamos "haciéndolo mal".

Un manual que habla y habla sin parar… en un dialogo constante que muchas veces el ruido de afuera no nos permite escuchar.

Un manual que solo se abre cuando decidimos escuchar más al corazón y menos a la razón.

UNA NUEVA PATERNIDAD

Creo

Creo que vale la pena criar con amor y sin maltrato.
Creo que vale la pena abrazar a nuestros hijos cada vez que nos lo piden
Creo que el tiempo que pasemos junto a ellos vale más que el oro
Creo que su sonrisa es nuestro mejor regalo
Creo que un abrazo hace más que un castigo
Creo que podemos contribuir a la construcción de un mundo mejor
Creo que los niños son nuestra más grande esperanza
Creo que la violencia ya no tiene cabida
Creo que no vale la pena seguir repitiendo viejos patrones
Creo que el amor es el mejor legado que podemos dejar
Creo que debemos ser niños de nuevo urgentemente
Creo que existe un Creador y tiene mirada de niño
Creo que vale la pena cada grano de arena que podamos poner
Creo que tenemos mucho que perder si no lo hacemos
Creo que valdrá la pena
Creo el tiempo me dará la razón
Creo que es la única manera de sobrevivir como especie
Creo que podría estar solo soñando
Creo que no estoy solo en mi sueño…

UNA NUEVA PATERNIDAD

Reconectándoos con la magia

«…Los niños no tienen pasado ni futuro, por eso gozan del presente, cosa que rara vez nos ocurre a nosotros…»
Jean de la Bruyere

¿Recuerdas la primera vez que te viste reflejado en una pequeñita e indefensa criatura nacida de tu amor? ¿Y cuando te miró a los ojos por primera vez? ¿O aquel momento en que apretó tu dedo como diciendo "Hola, aquí estoy… protégeme"?

Para muchos (incluyéndome) el concepto de lo mágico comenzó a tener o mejor dicho, a recobrar sentido desde que experimentamos esa sensación de vernos reflejados en ese pequeño espejo de carne y hueso que el universo materializa a través de nosotros: nuestros hijos.

A partir del primer contacto, del primer abrazo, del primer intercambio de miradas todo comienza a verse desde una perspectiva diferente, como si cambiáramos el cristal a través del cual enfocamos el mundo. Despertando, renaciendo, recalibrando el contador a cero… dejando el pasado donde debe estar… atrás.

Recuerdo que algunos amigos trataron de describirme esa sensación, pero hay cosas que no se comprenden hasta que se experimentan en carne propia.

Cuando tuve a mi hija en mis brazos por primera vez, experimenté una especie de reencuentro con lo que podría describir como mi verdadero Yo; ese "Yo" o ese "alguien" que no conoce máscaras, que es auténtico y transparente, y al que no veía desde hace muchísimo tiempo, cuando era apenas un pequeño que conservaba intacta la inocencia y la pureza que un día el mundo adulto me fue arrebatando con sus institucionalización y sus etiquetas que lo clasifican y explican todo.

Percibí de nuevo ese olor a magia. Olor que no disfrutaba desde que me había transformado en una persona responsable y "cuerda", o al menos eso creo.

Y cuando hablo de magia no me refiero a ilusionismo barato, sino a la Magia Real. Aquella que sostiene el universo en una constante sinfonía; la que percibes cuando miras el cielo y pasa una estrella fugaz como persiguiendo algo; la que sana a quienes no pierden la fe; la que puede hacerte sonreír en medio de una tormenta infernal; esa que puede devolverte las ganas de vivir cuando todo apunta a lo contrario.

Puede que ahora que eres un adulto serio y de pensamiento lógico, te niegues a aceptarla y prefieras optar por un mundo de coherencia y de estadísticas científicas, de esas que todo lo comprueban; pero estoy seguro que en tu infancia ni por un momento dudaste de su existencia.

El mundo infantil es natural y espontáneamente mágico, los niños viven rodeados por la magia todo el tiempo. Desde que despiertan y son invitados por el sol a sentir, explorar y saborear los colores de su mundo. Ellos experimentan un eterno momento presente, en el que se maravillan por todo.

Mi hija me lo recuerda constantemente, me relata historias sin lobos feroces; donde las mariposas, los conejos, los ogros y las princesas conviven en armonía, queriéndose unos a otros sin etiquetarse y sin conocer la mezquindad.

Exploramos juntos nuestro jardín hablando acerca de esos mundos indescriptiblemente mágicos que se esconden bajo tierra, y a los que se llega a través de esas cuevitas construidas por las hormigas, que solo la sabiduría y paciencia de un niño es capaz de contemplar durante horas y horas, en medio del éxtasis y en un estado indudablemente meditativo.

La paternidad para mí ha sido una gran oportunidad para reconectarme con ese camino que había olvidado. Creo que se me ha dado una especie de segundo chance para vivir y saborear el aquí y el ahora como nunca antes. Ese eterno ahora en el que vive mi hija, y al que me invita cada vez que jugamos, cada vez que cantamos, cada vez que bailamos, cada vez que reímos.

Entonces ¿por qué no aprovechar esta magia para sanar aquello que bloquea y obstaculiza mi felicidad? ¿Por qué no sonreír de nuevo cada vez que me miro al espejo? ¿Por qué no concentrarme en disfrutar al máximo cada momento mágico en ese jardín que llamo Vida?

Los niños no deben…

…ser pellizcados, abofeteados, palmeados, golpeados con cinturón, con puño, o cualquiera de esos contactos físicos agresivos que muchas personas acostumbran utilizar para descargar su ira en nombre de la mal llamada "disciplina".

…ser amenazados con: abandono, encierro, el "coco", el "señor" que se los va a llevar, el cuarto oscuro, el rincón de pensar o cualquier otro método de chantaje emocional que solo logra inculcar temor.

…ser presionados en el ámbito escolar, deportivo y/o social, para que cumplan sueños que son nuestros y no suyos.

…ser comparados con otros niños, destruyendo su autoestima y el respeto por sus propias cualidades.

…ser presionados a comportarse como adultos en reuniones sociales, restaurantes, y demás sitios públicos, por el solo hecho de complacer a la concurrencia y presumir de lo bien que hemos "educado".

…ser humillados.

…ser ignorados.

…ser explotados.

…ser ideologizados con política, racismo, clasismo, religiones. Especialmente si el adoctrinamiento incluye incitación a la discriminación o el odio.

…ser privados de su derecho a jugar, fantasear, reír, saltar, correr, ser niños.

UNA NUEVA PATERNIDAD

...ser tocados, mirados, fotografiados, filmados con carácter sexual y/o erótico.

...ser prostituidos.

...ser abandonados.

UNA NUEVA PATERNIDAD

El camino que nunca olvidé

"Aquel que haya olvidado su niñez
y no sienta ninguna simpatía y comprensión hacia los niños,
no es la persona adecuada para enseñarles y ayudarlos"
Jiddu Krishnamurti

Hubo algo extrañamente revelador tanto emocional como espiritualmente, que experimenté en mi propio "debut" paternal y que nadie, por más que lo intentara habría podido jamás explicármelo con palabras, o por lo menos con una explicación que se acercara remotamente a lo extrañamente vivencial y "holística" que fue la experiencia como tal.

Fue una especie de reconexión o "despertar" de algo que estaba dormido y muy bien guardado en un oscuro rincón de mi alma, y que de no haber sido por el remolino de recuerdos, vivencias y sombras que comenzó a desempolvar, quizás habría pasado desapercibido como cualquiera de los "ataques de luna llena", que suelen invadirme una vez al mes y que mi esposa suela achacar a mi naturaleza "canceriana" y un ligero toque de bipolaridad que siempre me ha hecho recordar que soy humano.

De repente, al mirarme al espejo, me encontraba frente a frente con un pequeño disfrazado de adulto, completamente aterrado, desorientado y paralizado, dudando entre sonreír o llorar cuando me atrevía a verle fijamente a los ojos.

La extraña e inesperada mezcla de emociones, el alboroto del entorno y el miedo a lo que me deparaba el futuro inmediato, me impedían ver la gran oportunidad que me estaba regalando la vida de encararme a mí mismo, sin máscaras emprendiendo el tan necesario viaje de auto sanación que necesitaba para aligerar mi carga de sombras y convertirme en un confiable soporte emocional para la díada mama-bebe que tanto necesitaba mi apoyo en ese momento.

Y justo allí, en esa reconexión con mis propias sombras, en ese necesario período de introspección y auto análisis fue cuando comencé a reconciliarme con el niño herido y asustado que aun temblaba dentro de mí.

Comencé a abrazarlo cada vez que abrazaba a mi bebé. Comencé a hablarle en el espejo y a decirle que todo iba a estar bien de allí en adelante. Comencé a perdonar a mis padres, mis hermanos, mis abuelos, mis tíos, mis maestros, mis "amigos" y a mí mismo (trabajo que no es nada fácil y en el que aún trato de mantenerme constante).

Todo esto me ha permitido crecer como ser humano, explorar mi propia espiritualidad, reconectarme con mi misión de vida, y desprenderme de mi propio Ego para así transformarme en quien soy hoy día, un adulto con alma de niño, lo suficientemente humilde para reconocer, encarar y bendecir sus errores, siendo capaz de recorrer de nuevo cuantas veces sea necesario, el camino que un día olvidó.

Nuestros hijos (especialmente en sus primeros años de vida) son como espejos de su entorno directo, por lo que como papás deberíamos tratar de estar lo más libre de culpas, rencores y lastre emocional que nos sea posible. Debemos recordar que para nuestros pequeños y para nuestra pareja somos algo así como una columna sostenedora. Si estamos plagados de sombras no sanadas y desestabilizados emocionalmente, obviamente no podremos ser un verdadero sostén tanto emocional como moral y espiritual.

Pienso que esta es la clave de nuestro papel como papás. Sostener, cuidar, proteger y amar… pero sanando, creciendo y reencontrándonos. Estoy totalmente convencido de la importante que es este rol sanador de Papá en ese proyecto que me atrevería a llamar "La nueva familia", responsable de construir granito a granito el nuevo Mundo. Ese mundo en el que la violencia, el desamor y el Ego ya no deberían tener cabida. En el cada uno de nosotros debería reencontrar su camino…

Los niños deben…

…ser amados sin límite.

…ser respetados y valorados.

…ser tratados como niños, no como adultos.

…ser abrazados cada vez que lo pidan.

…ser tomados en cuenta, no ignorados.

…ser correspondidos cuando dan amor.

…ser escuchados con atención.

…ser guiados a través del buen ejemplo.

…tener mucho tiempo libre para jugar.

…tener libertad para escoger sus actividades. No deberíamos tratar de realizar nuestros propios sueños a través de ellos.

…tener amigos escogidos por ellos, y no por nuestros prejuicios.

…tener una educación adecuada, sin exigencias ni actividades académicas exageradas ya que necesitan tiempo para "ser niños".

…estar lejos y a salvo de cualquier tipo de adoctrinamiento político, racial, bélico o religioso que perturbe su inocencia y lo aleje de su esencia.

…ser protegidos por sobre todas las cosas.

…¡ser nuestra principal razón para crear un Nuevo mundo!

UNA NUEVA PATERNIDAD

Papá, un bastión emocional

"…Con la paciencia y la tranquilidad se logra todo… y algo más…"
Benjamin Franklin

Para nadie es una novedad que vivimos en un mundo muy veloz, gobernado por la competitividad, la sed de triunfo y la ambición. Donde somos quienes somos, o quienes creemos ser, según nuestro éxito y lo que poseemos. Donde hace ya bastante tiempo olvidamos el placer de caminar descalzos y sentir la grama bajo nuestros pies. Donde se subvalora la inocencia y se sobreestima el conocimiento.

Un mundo científico, racional y práctico capaz de mofarse con la mayor de las sañas de un sueño que no encaje dentro de sus parámetros aceptados; dispuesto siempre a condenar y a execrar lo que no pueda ser comprobado en un laboratorio; a alabar lo superficial y a ignorar lo mágico; a dar la espalda a lo natural para abrazar con firmeza lo artificial. Donde la ciencia sepultó a las parteras y exilió a los chamanes, para endiosar a los doctores y poder vender sus pastillas. Donde la familia ha sido reemplazada por artilugios electrónicos y estrictos horarios de escuelas y oficinas.

Miramos el reloj y damos valor a cada minuto en base a lo que producimos. Ajustamos el tiempo a nuestra conveniencia y convertimos en trofeo todo lo material. Vivimos rodeados de estrés, mal humor, respuestas hostiles, paranoia, temor, agresividad, egoísmo, enfermedades, adicciones, y una infinita lista de condiciones opuestas al amor, que es en sí, nuestra verdadera esencia.

UNA NUEVA PATERNIDAD

Si te observas a ti mismo y a quienes te rodean con el corazón activado y desconectado de la razón; no verás otra cosa que niños asustados y confundidos, atrapados en cuerpos adultos. Niños que se autodestruyen, se autocensuran, se autocondenan y se autolimitan, como admitiendo una necesidad de "ser castigados" para poder ser aceptados por el mundo.

Niños a quienes no siempre se les permitió ser niños, pero sí se les empujó a crecer, a madurar y a encarrilarse en la fila. A quienes muchas veces en nombre de la etiqueta y las buenas costumbres se les castigó o maltrató. A quienes no se les permitía explorar, romper cosas, desobedecer o cuestionar por ser consideradas todas estas, conductas antisociales y de mal gusto.

No es nada raro que en este mundo tan "patriarcalizado" el apego y el amor sean mal vistos cuando de paternidad hablamos. Los valores que se nos programan apuntan más a un autoritarismo y a la inexpresión de las emociones humanas.

Se nos reprime desde muy pequeños y crecemos escuchando cosas como que los hombres no lloran, que no expresan ternura, que no juegan con muñecas, que no usan ropa color rosa, que deben ser "machitos". Y así vamos más bien adaptándonos al mundo con cierta frialdad o desconexión emocional que nos permite subsistir "entre otros machos" sin ser golpeados.

Y es por eso que en algunos casos no logramos totalizar la fusión emocional necesaria en la que debería sostenerse esa tríada conformada por papá, mamá y bebé. Ya que al no poder conectarnos con nuestras propias emociones, muy difícilmente podremos comprender las de nuestra pareja, y por ende las del fruto de nuestra unión.

Como papás somos piezas clave en la construcción de un Mundo mejor. Por un lado tenemos niños que llegan como una esperanza, como una promesa de que las cosas no tienen por qué seguir siendo como han sido hasta ahora, como una lucecita al final de un largo, pesado y a veces no muy iluminado túnel llamado vida.

Por otro lado tenemos Madres que sirven de puente entre éstos y el mundo físico, y que con su contacto, su ternura y su presencia no solo les dan la bienvenida sino que les garantizan que su estadía no tiene por qué ser fría y desagradable, sino por el contrario que la vida puede ser un camino enmarcado por la confianza, el amor y la entrega total.

Y sosteniendo el cuadro estamos nosotros, Papá: el bastión, el soporte, la estructura, los cimientos sobre los que la familia deberá afianzarse. Una especie de conexión entre lo espiritual y lo material, entre la calidez de adentro y la frialdad de afuera.

Nuestro papel debería ser el de mediadores entre el mundo acogedor de la madre puérpera y el bebé, y el mundo rápido, ruidoso y a veces inhóspito de la calle, el trabajo, las responsabilidades y toda la avalancha de emociones y reacciones que vienen implícitas en el día a día.

Es allí cuando entra en juego la importancia de nuestra salud y estabilidad emocional, ya que además de sostener deberíamos transformarnos en una verdadera fortaleza, que soporte toda la carga y ataques del exterior, permitiendo con esto que mamá y bebé puedan tener la paz que tanto necesitan en este período en el que la marea está volviendo poco a poco a su nivel. Esa marea de emociones encontradas de sombras develadas, de encontrarse perdidos, de conocerse y afianzarse mutuamente... esa marea emocional que desde el embarazo ha soportado todos los vaivenes hormonales, psicológicos, morales espirituales y hasta biológicos, que muchas veces por no ser contenidos y guiados por el amor y el apoyo del entorno, pueden llevar a severas depresiones y hasta a la pérdida de identidad en la tríada Papá-Mamá-Bebé.

Por eso siempre he insistido en que la Lactancia materna y el período de puerperio, no es algo que se lleve entre dos sino entre tres. Por lo que en los casos de ausencia paterna, siempre deberíamos contar con una figura que permita llenar este vacío y hacer la misma función de bastión.

Recordemos que el entorno social y familiar muchas veces se impone e invade el espacio sagrado en el que mamá y bebé deberían integrarse en perfecta armonía y tranquilidad. Siendo a veces hasta cruel en su intromisión, aunque la mayoría de las veces lo haga de forma inconsciente.

Por lo que es Papá quien debería en su propio autodescubrimiento y sanación, abandonar su papel infantil de hijo, nieto, sobrino o lo que sea que le limite o paralice, y asumir su rol de defensor apoyando, defendiendo y sosteniendo con firmeza esa paz en la que debe afianzarse el núcleo de lo que será de ahora en adelante su pequeña tribu de amor.

Cuando más te necesito

Cuando parece que no me quiero estar quieto

Cuando hago más ruido del que toleras

Cuando rompo cosas valiosas para ti

Cuando hago pataletas "por todo"

Cuando no dejo de llorar por lo que para ti son tonterías

Cuando nada puede lograr que me concentre

Cuando todo lo que me dicen me molesta

Cuando no mantengo el orden que me haría digno un premio

Cuando mis calificaciones no te complacen

Cuando te llaman de la escuela para darte quejas de mi conducta

Cuando parezco no comprenderte

Cuando golpeo a otro niño

Cuando parezco sumergido en mi mundo y no te atiendo

Cuando no soy un niño modelo ni digno de halagos como los hijos del vecino

Cuando te avergüenzo en público por no saber comportarme en sociedad

Cuando hago cualquiera de estas cosas, es cuando menos necesitaré tu desaprobación, tus gritos, tus regaños, tus azotes, tu indiferencia, tu desamor.

¡Es justo en estos momentos cuando más te necesito!

UNA NUEVA PATERNIDAD

Nuestros mejores maestros

*"...Dos caminos se bifurcaban en un bosque y yo,
yo tomé el menos transitado, y eso hizo toda la diferencia...."*
Robert Frost

A medida que nuestros hijos vayan creciendo, escucharemos siempre a alguien preguntándonos por su educación, que si van en la escuela, que si sacan buenas notas, que si se portan bien, etc. Tampoco falta una sugerencia ocasional (que no siempre es tan ocasional) de lo importante que es la disciplina, los buenos modales y el criar "niños modelo", como los crió "fulano", "zutano" o "perencejo".

Tendrás dos elecciones: o hacerles caso y sufrir; o dedicarte a criar a tus hijos con amor y como te lo dicte el corazón, y disfrutarlo además.

Yo elegí la segunda y no arrepiento ni por un momento.

En lo que coincidirá la mayoría de los "opinólogos" (o por lo menos de los que siempre me he encontrado en el camino) es en la importancia de enseñar a los niños a que en el "Mundo Adulto", la razón siempre la tienen los adultos y punto (¿te suena?).

Es muy probable que escuchemos también que la escuela lo es todo, que el éxito lo es todo, que la aprobación lo es todo, que la apariencia lo es todo.

UNA NUEVA PATERNIDAD

Habrá también quien te sugiera que mientras más temprano los escolarices, más oportunidad de socializar tendrán. Serán más independientes y no se convertirán en niños mimados que no se despegan de la falda de la madre (¿de nuevo te suena?).

Lo cierto es que si decides criar diferente al resto. Con mucho abrazo, mucho beso, mucha tolerancia, sin violencia, sin castigo, con amor y apego en abundancia, pues tendrás que acostumbrarte a la mirada inquisidora del entorno, cuya mayoría obviamente no aplaudirá tu decisión. Y muchas veces este entorno estará compuesto por nuestros familiares y amigos más cercanos, lo que hará más dolorosa y difícil la situación.

Hoy día, a pesar de ver constantemente a nuestro alrededor las contundentes pruebas de que los viejos y obsoletos métodos disciplinarios solo han creado un montón de personas con el ceño fruncido, estresadas, enfurecidas y enfermas; muchos parecen juzgar los derechos del niño y las leyes que los protegen del maltrato por ser, según ellos, el principal causante de la "malacrianza" y del "libertinaje", males que se habrían evitado, según su opinión, con una "buena corrección a tiempo".

Lo peor es que según palabras de algunos (incluso de educadores y "profesionales" que conozco), el caos actual en que se encuentra sumergida nuestra humanidad se debe a la "falta de látigo" (No se imaginan lo que me entristece escuchar cosas así, como padre y como ser humano).

Aunque este escrito no fue hecho para buscar culpables ni mucho menos, considero un deber como o padre y como defensor de la crianza amorosa, analizar el papel que juega la sociedad Patriarcal en esta especie de desconexión con nuestra esencia, en la que parecen sumergirnos desde las escuelas hasta los medios de comunicación más "inocuos" (al menos en apariencia).

Basta echarle un solo vistazo a nuestra realidad para darnos cuenta de que estamos obligados a darle un giro al timón. No hace falta ser un profeta del desastre para poder vaticinar lo que nos espera como humanidad de no aplicar un cambio urgente a las reglas de juego.

Nuestro mundo se ha convertido en un paraíso de "egos suicidas", separados unos de otros, distraídos y cada vez más acostumbrados a que alguien piense por nosotros. Consumiendo y consumiéndonos en una loca carrera hacia nuestra propia aniquilación.

Hemos perdido el respeto por la vida y nos hemos acostumbrado a mirar de forma indolente, a veces con un control remoto en la mano y muy cómodos en nuestro sillón, la deforestación, el sacrificio indiscriminado de miles de especies, la contaminación, la destrucción o explotación del más débil, la alienación de las masas y el constante bombardeo de "antivalores" que día a día nos alejan más y más de nuestra verdadera naturaleza y nos van convirtiendo en esa sociedad autómata, indolente y resignada que describió tan bien Aldous Huxley en su "Mundo Feliz".

Hemos permitido que los valores "de turno" sean dictados por la moda y la televisión, ultima voz en cuanto a decidir cuáles serán los estereotipos sociales aprobados. Dictaminando ésta quién encaja y quién no. Creando las etiquetas e invitándonos a mantener a raya a todo aquel que piense distinto, a menos que se acople a la fila, y marche al ritmo dictado.

En la escuela se nos enseña a obedecer, a caminar en formación, a pintar las hojas verdes y el cielo azul porque así debe ser y punto. Se nos premia cuando cumplimos y se nos castiga cuando nos rebelamos. La puntuación y las medallas nos revelan quienes somos, y por supuesto todo nuestro futuro dependerá de cuanto éxito y aprobación acumulemos.

Y no solo es el entorno, los padres también contribuimos: exigiendo, saturando de actividades, tratando a los niños según su rendimiento escolar y colgando sus medallas y trofeos como si esto nos demostrara "lo bien que ellos lo hemos hecho".

Muchas veces valorándolos según la opinión de sus maestros. Profanando su tiempo libre con montañas de tareas escolares y actividades extra-curriculares. Para así mantenerlos ocupados todo el día "por su propio bien".

Como seres humanos tenemos un terrible estado de emergencia. Estamos a punto de destruir todo lo que existe en el mundo material por culpa de nuestra codicia, nuestra arrogancia y nuestra necedad.

Los niños siempre han venido a recordarnos quienes somos, pero nuestra sociedad utiliza sus mejores armas para desconectarlos de su esencia y convertirlos en lo que nos convirtió a nosotros, en egos suicidas.

Deberíamos imitar más seguido a los niños, parecernos más a ese pequeño que un día fuimos. Deleitarnos en todo, sonreírnos por todo, andar menos afanados y más despreocupados, sin rencores, sin esa memoria rencorosa, sin esa malicia y ese deseo constante de competir con todos.

Como padres, y sin necesariamente desconectarnos totalmente de nuestros quehaceres y deberes del día a día, podríamos dedicar más tiempo a reaprender de nuestros propios hijos y de cuanto niño se nos presente en el camino. Ellos tienen una facilidad increíble para percibir si te has quitado tu máscara egocéntrica de adulto.

Es solo entonces cuando te abren las puertas de su mundo para que lo explores. Para que te maravilles con sus colores ¿y por qué no? Para que le agregues un poco de los tuyos, para que crees puentes, incluyas personajes y te deslices de nuevo sobre esos deliciosos arcoíris que un día alguien decidió que debías dejar atrás.

Permitirte ser niño cada vez que puedas te ayudará a recordar quién eres y a qué viniste al mundo. Te permitirá poner más colores todo lo que te rodea, y facilitará increíblemente la comunicación con tus hijos, demoliendo cualquier obstáculo que se atraviese entre su mundo y el tuyo.

UNA NUEVA PATERNIDAD

Tiempo de calidad en familia

"...Un padre es más de un centenar de maestros de escuela..."
George Herbert

El tiempo que dediquemos a nuestros hijos siempre será invaluable. De la calidad del mismo dependerá lo cerca o lo lejos que se encuentre su mundo del nuestro, y la facilidad o dificultad con la que podamos comprendernos mutuamente en el transcurso de la vida.

Algunas personas piensan que dar tiempo a sus hijos significa inundarlos de cosas materiales para que estén distraídos o simplemente sentarse con ellos a ver la televisión cada noche sin cruzar una palabra.

La calidad de la comunicación es sumamente importante en cualquier tipo de relación afectiva. Una relación sin comunicación es una relación enferma, se va degradando a medida que pasa el tiempo y generalmente termina colapsando sin que ninguno de sus miembros pueda hacer mucho por recuperar los pedazos.

Los adultos, normalmente olvidamos aprender a escuchar a los demás. Oímos, más no escuchamos. Andamos dando carreras para poder cumplir con todos, pero no nos damos un respiro para entender las señales que nos manda nuestro cuerpo, las alarmas que se encienden en nuestro hogar, los gritos de auxilio que nos envían nuestros hijos.

Si seguimos cegados por el trabajo y los deberes, y seguimos postergando el sentarnos a escuchar a los niños con atención, tarde o temprano crecerán, se irán y harán sus propias vidas; será entonces cuando vendrán los arrepentimientos y pensaremos: "…Si hubiese trabajado un poco menos, y disfrutado más de mis muchachos…"

No esperes a que esto suceda, disfrútalos ahora, bésalos ahora, abrázalos ahora, escúchalos ahora, juega con ellos ahora. Por supuesto que debes dedicarte a tu trabajo y a tus rutinas, pero no dudes en sacar todo el tiempo que puedas para disfrutarlos ahora, es más, dales siempre la prioridad en tu agenda.

La mayoría de los adolescentes establecen barreras impenetrables para con sus padres, justamente por no haberse establecido un sano nexo comunicacional desde la infancia. Sintiéndose libres de expresarse solo en compañía de amigos y en las llamadas tribus urbanas, donde se establecen vínculos basados en la libertad de "ser ellos mismos", cosa que jamás han sentido en casa.

Las distracciones domésticas y la agenda laboral, de no ser compensadas con mucho tiempo compartido, comienzan a crear una especie de brecha comunicacional y afectiva que se va haciendo cada vez más grande. Un abismo enorme se forma entre nuestro mundo y el de nuestros hijos, al extremo de convertirnos en perfectos extraños viviendo bajo el mismo techo.

Afortunadamente existen muchísimas actividades que pueden convertir estos momentos compartidos en un verdadero disfrute para todos. La idea es pasarla bien, no haciéndolo por cumplir como si de una obligación se tratara, ya que esto le quitaría lo placentero y terminaría fastidiándonos y haciéndonos regresar a las rutinas.

Cada familia, según los gustos y hobbies de quienes la conforman puede programar su propia agenda de actividades, haciendo énfasis en el disfrute de todos.

Lo importante es crear lazos de amor indestructibles, realizando actividades sencillas y al alcance de cualquiera. Aprendiendo a ser padres, a ser hijos, creciendo juntos como familia.

Acá pongo como ejemplo mi propia lista personal. Quizás alguna de las actividades que en ella se encuentren te guste y termines incluyéndola en tu agenda.

1) Lectura en familia:

¿Cuántas horas pasan tus hijos frente al televisor? Sería mejor invertir más tiempo en leer juntos, bien sea un cuento, una revista, o cualquier cosa que haga de un rato de lectura una oportunidad de compartir, reír e imaginar juntos.

Enséñales que la lectura puede ser amena y agradable, si ven que de verdad lo disfrutas, mejor aún. Además si reemplazas tu propio hábito de ver demasiada televisión por el de leer más, te harás un favor, pues en vez de seguir dejando que otros piensen por ti, cada vez te provocará menos estar hipnotizado frente a la "caja loro".

Recuerda que somos modelo a imitar por nuestros hijos, no se trata de caer en prohibiciones autoritarias, sino de mostrarles que existen alternativas más enriquecedoras, y por supuesto de predicar con el ejemplo.

2) Sembrar un árbol:

Otra excelente oportunidad de pasar un buen rato con tus hijos, enseñarles a amar la naturaleza (cosa que ellos hacen mejor que nosotros) y hacerlos conscientes de la importancia de cuidar el planeta en que viven.

Además, estar en contacto con la tierra es excelente terapia para relajarse, eliminar el estrés y ser niño de nuevo. Para los pequeños es maravilloso ver a sus padres permitiéndose ser niños, reconectándose con ese chico al que a veces relegamos a un rincón de nuestra alma. Esta actividad me ha ayudado enormemente a apreciar mejor las cosas sencillas que enriquecen y dan sabor a la vida.

Sembrando un árbol con tus hijos sellas también una especie de pacto de amor entre ellos, la tierra y tú. Pocas actividades están tan llenas de magia como esta.

3) Jugar en el suelo:

¿Desde cuándo no te permites jugar en el suelo? ¿Olvidaste lo placentero que es? ¿Olvidaste que no hay nada de malo en ensuciarse o mojarse en un charco?

Deja ya de privarte de actividades tan placenteras como ensuciarte en el suelo, saltar sobre el fango o jugar bajo la lluvia. Cuando estés despidiéndote de este mundo, te aseguro que lamentarás no haber dedicado más tiempo a realizarlas, especialmente en compañía de tus hijos.

Además, la mejor herencia que puedes dejar a tus hijos es la capacidad de experimentar cada momento de la vida como si de un milagro se tratase, pues efectivamente la vida es eso, un milagro.

4) Mirar las estrellas:

A mi hija, a mi esposa y a mí nos encanta esta actividad; verlas y contarlas. Contemplar el cielo es algo muy hermoso y relajante. Además te enseña a apreciar lo insignificantes que son los problemas humanos en comparación con la infinitud del universo.

Me gusta pensar que la misma fuerza que sostiene todo el universo moviéndose en perfecta armonía, puede asistirme siempre que crea tener un problema.

Las estrellas me enseñan a no angustiarme en las dificultades, a confiar en que no estoy solo, y me recuerdan que mi presencia en la tierra tiene un porqué.

5) Inventar y contar historias:

Una oportunidad muy provechosa para el desarrollo de la imaginación, y para incentivar la comunicación y la confianza entre padres e hijos.

Inventar historias es una de las actividades que más disfruto, crear personajes, situaciones, mundos.

La imaginación de los niños es inagotable, su mundo se crea y recrea a cada instante. Algunas personas censuran las historias que inventan sus hijos, llamándoles mentirosos e invitándolos a la "cordura". Me entristece mucho presenciar esto, pues es así como se mata la inocencia y se invita a vivir sumergido en el Ego desde muy temprano.

Que distinto sería nuestro mundo si el entorno no se empeñara tanto en exigirnos ser "realistas" desde nuestra infancia.

6) Adoptar y cuidar un Animal de compañía:

Adoptar un animal de compañía exige nuestro compromiso a amarlo y cuidarlo de por vida. No se lanza a la calle a un miembro de la familia cuando ya no tiene gracia o cuando nos aburrimos de él. Si lo que queremos transmitir a nuestros hijos son principios y valores, pienso que el primero de la lista debe ser la responsabilidad y es respeto por la vida.

Los animales, como perros y gatos por ejemplo, se integran fácilmente a la familia o a la manada, como prefiero llamarla. Los niños tienen una empatía natural con ellos. Somos nosotros, los adultos quienes transmitimos nuestros propios prejuicios de generación en generación.

Un niño nunca rechazará la idea de jugar con un gato o con un conejo, nunca lo verán como un ser inferior sobre cuya vida tenemos o creemos tener derecho. Están libres de prejuicios y muy conscientes de que todos somos uno. Más de lo que la mayoría cree.

Por eso siempre insisto en que no hay mejores maestros. Nuestra incapacidad de escuchar con seriedad lo que ellos nos enseñan con sus acciones nos estanca y nos impide avanzar y superarnos como especie.

Amar y cuidar de los animales nos hace mejores personas, nos permite practicar la compasión y el respeto a la madre naturaleza y a cada una de sus creaciones. Transmitirlo a las próximas generaciones nos ayudará construir un mañana mejor.

7) Dar caminatas al aire libre:

Caminar y respirar aire puro son una excelente oportunidad para despejarnos, renovarnos y reconectarnos con la naturaleza. Cuando vivimos en centros urbanos, cualquier espacio verde es una especie de oasis en el que podemos sentir de cerca un pedacito de naturaleza. Caminar, o aún mejor correr entre arboles es un excelente ejercicio y una oportunidad única para jugar y liberar tensiones. Los niños necesitan saltar, correr, gritar y jugar para drenar el enorme caudal de energía que circula a través de ellos ¿Y qué mejor que un espacio abierto para hacerlo? Pocas actividades serán tan favorables a nuestra salud física y mental como esta.

8) Dibujar y colorear:

Mi hija pasa todo el día dibujando y coloreando. Cuando podemos sentarnos con ella lo disfrutamos muchísimo, y ni hablar de cuando toma la tempera para pintarse pies y manos. Nuestro hogar se ha convertido en una especie de santuario artístico, puedes encontrar manchas de pintura donde menos esperes, al principio puede ser un poco incómodo, pero pienso que de eso se trata. La infancia de nuestros hijos es una sola, su felicidad y buen desarrollo vale más que una mancha en la pared o en el suelo... piensa en eso.

Dibujar y colorear con nuestros hijos es una de las mejores formas de consentir a ese niño interno que vive en nosotros.

Pocas actividades nos permiten expresarnos mejor que el dibujo. Y el gran beneficio que aportará a la creatividad e inteligencia de tus niños no tiene precio.

9) Cantar y bailar:

La música es alimento para el alma. Como dijo una vez mi querido maestro Nietzsche "Sin música la vida sería un error".

No existe mejor forma de dejar salir el espíritu, que a través del canto y el baile, por eso los rituales mágicos de los chamanes siempre incluyen canticos y danzas.

Siempre hay una canción que nos levanta el ánimo, que nos conecta con ese lado profundo de nuestro ser, que nos eriza la piel.

Bailar es una excelente forma de relajar el cuerpo y desconectar nuestra mente. Se dice que la danza es una de las mejores formas de meditación. A los niños no se les hace nada difícil cantar y bailar, aman hacerlo. ¿Será porque no han olvidado aún de dónde venimos todos?

Creo que realizar esta actividad con ellos nos aproxima muchísimo a su mundo, ese que un día fue también nuestro mundo. ¡Bájate cada vez que puedas de tu pedestal de "adulto serio", quítate los zapatos y a danzar!

10) Reorganizar cosas:

Reacomoda u organiza tu escritorio, una gaveta o tu espacio de trabajo permitiéndoles que te ayuden. Permíteles tocar, desordenar, preguntar. Sentirán que confías en ellos y que les permites entrar a tu espacio.

Explícales de forma amena y sin amenazas, cuáles cosas deben tocar solo con tu supervisión y cuáles no. Los niños respetan las explicaciones más que las prohibiciones. Muchas veces con solo dejar que toquen algo una vez, puedes tener garantía de que tendrán cuidado y lo cuidarán de otros cuando estés ausente.

Constantemente escucho a padres quejándose de que sus hijos lo tocan todo, lo rompen todo, no "respetan" nada, sin darse cuenta de que sus constantes prohibiciones, restricciones y regaños son justamente lo que invita, por decirlo de alguna manera, a tan insaciable exploración.

Recuerda también que los niños nos imitan, y está de más recordarte que si quieres que respeten, debes respetarles primero. No conozco mejor forma de ganárselo que esta.

11) Sentarse a simplemente no hacer nada:

Apaga tu celular, desconecta los teléfonos, apaga todo lo que te pueda interrumpir y acuéstate en el suelo a simplemente no hacer nada. Conversa de lo que sea, mira hacia el techo, tararea alguna canción o sencillamente mantente en silencio disfrutando mutuamente de la compañía de tu familia. Es una actividad deliciosa, los niños la disfrutan mucho, meditar para ellos es algo tan natural como respirar. Puede que al principio, no se queden en silencio, es cuestión de irse acostumbrando. Pero te garantizo que a medida que lo hagan los ratos en silencio serán cada vez más largos.

El silencio nos reconecta con nuestro yo interior, nos permite escucharnos y reconocernos. Y experimentarlo en compañía de quien amas, aunque sea por ratitos, es una experiencia de otro mundo. No me creas, compruébalo por ti mismo.

Como ves hay muchísimas oportunidades para compartir momentos ricos y enriquecedores con nuestros hijos, ninguna inversión es tan rentable como el tiempo de calidad que dediquemos a nuestra familia. El Mundo del Ego en que vivimos se empeña cada día en mantenernos separados, distraídos, controlados. No permitas que el tiempo se lleve las oportunidades de amar sin límites, no esperes a mañana para lamentarte por no haber hecho las cosas distintas hoy.

Cada día es una oportunidad para afianzar los lazos de amor, para reaprender, para crecer, para vivir en la magia… y nada más enriquecedor que poder hacerlo en familia.

UNA NUEVA PATERNIDAD

Una revolución paternal

"...Solo cuando aprendamos a ver el mundo con ojos de niño, habremos completado nuestro verdadero crecimiento...."
Elvis Canino

Pienso que a medida que evolucionamos y crecemos como seres humanos, nos vamos dando cuenta de que algo hemos hecho mal durante muchísimo tiempo y afortunadamente parece (o al menos eso creo) que aún estamos a tiempo de corregir la situación.

No sé si te ha sucedido si se ha despertado en ti esa vocecita que te dice que hay algo que está mal en lo que se nos ha enseñado, en lo supuestamente correcto, en lo mal llamado "normal". Pues a mí sí, y me inquieta tanto que he tenido que proponerme como misión de vida el hacer algo al respecto.

Algunas personas miran todo lo concerniente la crianza respetuosa como algo extraño, elitista, y exclusivo de un grupo privilegiado de hippies locos que comen flores mientras bailan alrededor de una fogata. Pero cuando miro mi entorno y veo a ese papá que lleva a su bebé pegadito al cuerpo con un fular; a esa mamá que no lo piensa dos veces para dar la teta a su bebé aun en medio del entorno hostil y condenatorio y a pesar de sus pocas horas de sueño; cuando veo a esa familia que decide alejarse del ruido mundano y se encierra en su nicho de amor a compenetrarse y fundirse como si de un solo ser se tratara; cuando miro a esos bebés que duermen junto a sus padres disfrutando un mundo y sonriendo sin parar como si se encontraran en el mismísimo cielo.

Todo esto y más me demuestra cada día que algo está sucediendo, que algo está cambiando, que estamos recordando quienes somos, aunque a veces ni siquiera nosotros mismos estemos conscientes de eso.

Todo eso me sigue dando esperanzas, me ayuda a seguir creyendo, me promete un mundo mejor. Sigo convencido, y jamás me cansaré de repetirlo, de que en la familia de hoy es donde se gesta el cambio, la revolución del amor, el renacer de la humanidad.

Los niños son las semillas del futuro, la familia es la maceta en que son sembradas. El amor, la comprensión, el cariño, los abrazos, los besos, el contacto todos son los nutrientes que darán vida, consistencia y fuerza a la planta que germinará, al tronco sobre el que se sostendrá nuestro porvenir como especie y como humanidad.

Siempre se habla sobre los principios, sobre la educación, sobre los valores que deben ser inculcados de forma prioritaria en las generaciones que nos van a relevar, pero muy poco se habla de lo importante que es el amor, la empatía, la libertad, el desarrollo pleno del ser. Muy poco se habla de lo mucho que dependemos de ellos para sobrevivir a este mundo loco que se ha puesto un cañón de rifle en la boca mientras día a día no hace más que juguetear con el gatillo.

¿Y es que acaso te has fijado en lo cerca que se encuentra nuestra sociedad de convertirse en un mundo de robots autómatas, alejados de sí mismos, desconectados de sus instintos y motivos básicos? Todo en nombre del progreso y la supuesta sofisticación.

Cada vez que miro a los ojos de un niño, siento que aún tenemos esperanzas, que no todo está perdido. Y es allí cuando me convenzo sobre lo urgente que es cambiar los paradigmas de la paternidad. Lo urgente que es alejarnos de esa figura autoritaria y despótica para acercarnos a esa figura amorosa, protectora, que abraza, que besa, que guía y muestra el camino dejando su propio rastro de amor.

Eso debe ser Papá, un maestro que enseña amando, un bastión que protege abrazando, una columna sobre la que mamá y bebé podrán apoyarse y sentirse seguros, sin rigidez.

Papa debe ser ese ángel que escucha, que entiende que no todo es azul, que sabe cuándo tomar otro camino y sabe ser humano, imperfecto y mortal.

Debe ser el manto que protege con suavidad, el cielo que cubre con mucha luz, el hombre que ama sin limitación. Debe ser leal, sobre todo a sí mismo. Debe llevar a su familia en el corazón, como un guerrero que defiende un reino que ama y en el que cree.

Debe hacer sentir seguros a los suyos, aun cuando dé un paso en falso. Debe aprender a reconocer sus errores y a no juzgarse, pues antes que nada es un ser que también aprende cada día de lo que vive.

Debe saber ser niño cuando es necesario, y debe saber que la verdadera "hombría" es la que ama infinitamente sin exigir nada a cambio.

Mi esposa Janeth una vez me escribió un poema que llevo a diario en mi corazón para levantar mi ánimo cada vez que dudo y que me gustaría compartir con ustedes, quizás puedan utilizarlo en esos momentos de duda, como lo he hecho yo. Dice así:

> "…Noche y negra y oscura
> Que no encuentro una luz
> Que me indique en que tiempo vivo ahora querubín
> Una mano salvadora surge y se pierde en mi cabello
> Es tu papi que nos mira, cómplice nocturno de tus tetadas infinitas…
> Noche negra y oscura, se suavizan los pesares, mira nena las estrellas
> Cuando crezcas las veremos tiraditas en el suelo
> Mientras papi nos sonríe y nos cuida y nos mima
> Nos cocina algo rico mientras mira con prudencia
> Como creces, como miras esta vez tú las estrellas….
> Noche negra y oscura, ahora duermes más serena
> Muy segura que estamos para cuidarte de lo que venga….
> Has crecido, ahora juegas tú con papi a contar las estrellas…
> Noche negra y oscura si tenemos compañía
> No es eterna ni da miedo esas sombras que aparecen
> Cuando menos te lo esperas…"

Creo que son palabras perfectas y que me caen muy bien en esos momentos en que el Mundo me dice lo contrario, cuando trato de abordar mi rol de padre con nuevos ojos, cuando decido ser un agente comprometido con este cambio revolucionario por una nueva paternidad.

UNA NUEVA PATERNIDAD

Carlos Costa Portela

Despiértate, papá

En este capítulo escribiré sobre uno de los temas que más preocupan a los papás (hasta tal punto que incluso antes de nacer el bebé es fuente de conversaciones y bromas): el sueño infantil. Y en primer lugar quiero destacar que, desde luego, no soy un experto en el tema (toda mi experiencia actual se reduce a un niño). Así que lo que voy a contar aquí es fruto de mi (escasa) experiencia, del sentido común, y de leer todo lo que ha caído en mis manos sobre este tema.

En los últimos años, el libro del doctor Eduard Estivill y de la periodista Sylvia de Béjar ("Duérmete, niño") se ha convertido en el gran referente en esta materia del sueño infantil. Un método, según algunos padres que lo han seguido, "duro, pero efectivo". Está basado en el método Ferber, que básicamente pretende "enseñar" a los niños a dormir dejándolo en "su" habitación siguiendo una rutina y tardando periodos de tiempo cada vez mayores en acudir a su llamada o llanto. De este modo, el niño acaba acostumbrándose y, al poco tiempo, se duerme "solo".

Me gustaría explicaros en este capítulo que esto es

completamente absurdo. Generalmente las mamás (gracias a que están más cerca de su instinto y de su cuerpo) entienden perfectamente que no tiene sentido dejar dormir a un bebé a solas. Pero a veces los papás no vemos eso de forma tan evidente. Así que ha llegado el momento, pese a lo que nos digan la sociedad en la que vivimos y la educación que hemos recibido, de que los papás nos despertemos y dejemos de cerrarnos a la solución más sencilla, antigua, evidente y eficaz: dormir con nuestros bebés.

Los seres humanos somos mamíferos y tenemos pocas crías en cada parto. Esto significa, entre otras cosas, que necesitamos la cercanía de nuestros cuidadores durante 24 horas al día. No solamente necesitamos la cercanía, sino que necesitamos saber que nuestros cuidadores están cerca. Esta necesidad de cercanía ha sido la base de que la aventura de la humanidad, que comenzó hace cuatro millones de años, todavía exista. Si nuestros antepasados hubieran dejado a sus bebés solos, desatendiendo sus llantos, sin duda no serían nuestros antepasados, porque no habríamos llegado hasta aquí. Del mismo modo, el recurso del llanto del niño ante la soledad es su forma de decirnos "No quiero [¡no debo!] estar solo. Si me dejáis solo, podría venir un lobo y comerme." Obviamente, el bebé no sabe -en general- que existen los lobos, pero sí tiene el instinto de reclamar atención. Del mismo modo que no sabe que existen los lobos, tampoco sabe que existen los intercomunicadores; así que no, que tengamos un intercomunicador que nos permita ver y escuchar al niño no es motivo para que lo dejemos solo en su habitación (realmente tendría más sentido permitir que el niño pudiera ver y escuchar a sus cuidadores).

De todo esto se concluye que, efectivamente, el bebé no debería dormir solo. El lugar para un bebé humano -mamífero, recordemos- es al lado de sus cuidadores. Hay varias opciones para conseguir esto: que el bebé duerma en la misma cama, poner una cuna sidecar (o eliminar un lateral de la cuna) y pegarlo a la cama de matrimonio o que el bebé duerma en su cuna, pero al lado de sus padres. Nosotros hemos usado habitualmente las dos primeras (siendo muy bebé usábamos la cama de matrimonio, a los pocos meses usamos la cuna sidecar). Esta decisión, además de cubrir las necesidades del bebé (cercanía a sus cuidadores), cubre también las de su mamá, ya que no tiene que levantarse y dirigirse a otra habitación para alimentarlo (es más, en ocasiones no tienen ni siquiera que despertarse para el alimento ni el bebé ni la mamá). Y, como bien sabéis, estar bien descansado es muy importante para seguir ejerciendo como papá.

Salvo en días puntuales, nunca hemos tenido problemas con las noches de nuestro hijo: ha dormido diez-doce horas/noche desde su nacimiento. En ocasiones tenía, como digo, pequeños despertares en los que pedía su comida con ligeros gruñiditos (aunque en este capítulo no estamos hablando de lactancia, se hace evidente la íntima relación entre lactancia y colecho).

Cuando se plantea este tema surgen dos preocupaciones principales: la primera se suele plantear abiertamente: "¿y si se acostumbra y no quiere irse nunca?" La segunda se obvia: "¿y qué pasa con el sexo?"

"¿Y si se acostumbra y no quiere irse nunca?"

Bueno, es que nosotros tampoco queríamos que nuestro hijo se fuera nunca de nuestra cama. Estábamos muy felices teniéndolo con nosotros. Como podréis concluir por el tiempo verbal de estas frases, efectivamente, sí: nuestro hijo decidió irse a su habitación (a los tres años).

Esta pregunta podría tener su extensión: ¿por qué vives con tu bebé en casa? ¿y si se acostumbra y no quiere irse nunca de casa? Y la respuesta podría ser la misma: ni yo quiero que mi hijo se vaya de casa, ni este deseo va a evitarlo. Pero con este ejemplo (irse de casa) tenemos la referencia de miles de familias en nuestra sociedad, tenemos nuestra propia referencia, y sabemos que, llegado un momento, lo más normal es que nos vayamos de casa de nuestros padres (por estudios, por motivos laborales, por iniciar una nueva relación...). Ya que tenemos esas referencias en la sociedad, ni nos planteamos esta absurda cuestión. En cambio, como en nuestro entorno no tenemos (tantas) referencias de niños que hayan dormido con sus padres y luego se hayan querido ir a su habitación, sí nos planteamos esa -también- absurda cuestión.

En la misma línea de absurdos podría cualquiera plantearse: "¿y por qué duermes con tu mujer en cama? ¿Y si se acostumbra y nunca quiere irse? Y si un día uno de los dos tiene que pasar la noche fuera, ¿cómo vais a hacer? ¿No la estarás malacostumbrando?". Efectivamente, son cuestiones absurdas, pero muchas veces nos son planteadas.

"¿Y qué pasa con el sexo?"

Quiero aprovechar aquí para decir (y me dirijo directamente a los papás en este caso), que quizá las necesidades/deseos de la mamá cambien tras el nacimiento de vuestro hijo. Esto no significa que se haya acabado la vida sexual para siempre; no significa siquiera que no vaya a haber vida sexual durante unos meses. Significa, simplemente, que las necesidades/deseos de la mamá (y posiblemente también los del papá) cambien. Puede ser un momento magnífico para descubrir nuevas formas de comunicación (al fin y al cabo, el sexo es una forma -preciosa- de comunicación entre la pareja).

He mencionado que posiblemente las necesidades/deseos del papá también cambien. Efectivamente: a lo mejor el papá se descubre sin el deseo habitual (pero también sin echarlo de menos). El puerperio (no sólo hablo aquí de los famosos cuarenta primeros días, sino de los primeros meses/años de la vida del niño) es un precioso camino que la pareja debe recorrer junta, y seguramente en ese camino la pareja irá descubriendo y disfrutando de manera diferente a como lo hacía unos meses/años atrás. Como siempre, la comunicación entre la pareja es la clave para que todo fluya adecuadamente.

Dicho lo anterior, os recuerdo que los niños duermen muchas horas: así que no os preocupéis por la falta de tiempo, os recuerdo que las casas suelen tener varias estancias: así que no os preocupéis por la falta de espacio.

Con esas dos preocupaciones principales resueltas (el "malacostumbramiento" y el sexo), pocos argumentos quedan ya en contra del colecho. De todos modos, es un tema todavía tabú en nuestra sociedad, y todavía existen papás que a veces se avergüenzan de dormir con su hijo (o de decir que lo hacen). Personalmente creo que es algo maravilloso, completamente natural, y un placer incomparable. Y creo que no deberíamos tener ningún problema en proclamar a los cuatro vientos que, efectivamente, dormimos con nuestro bebé.

Os diré que mi principal preocupación no iba ni por el malacostumbramiento ni por el sexo: mi miedo básico consistía en la posibilidad de aplastar a mi hijo. Con relación a esto, se suelen recomendar los siguientes consejos: inicialmente la mejor ubicación en la cama es con la mamá entre el papá y el bebé, debido a que la madre está más preparada para dormir con el bebé; no se recomienda practicar el colecho si se está bajo los efectos de las drogas; tampoco si se está muy cansado o si se es obeso.

El principal objetivo de este capítulo es, como quedó dicho al principio, ayudar a que los papás se despierten y contemplen la opción del colecho como una opción natural y efectiva de ayudar al bebé, a la mamá, y a la familia. Y desde luego, que si la mamá quiere hacerlo, que no seamos los papás un obstáculo.

Termino este capítulo con un texto que escribí con motivo de una campaña en medios y redes sociales llamada "Desmontando a Estivill".

Señor Estivill, creo que le he pillado

Estimado Señor Estivill:
Soy el feliz padre de un -espero- feliz hijo de tres años y medio. Quiero plantearle la siguiente situación, buscando alguna explicación a lo que nos sucede.

Debo decir, en honor a la verdad, que todo mi conocimiento de su método viene de conversaciones, documentales, artículos y fragmentos leídos. No he leído su libro, así que, si estoy equivocado con respecto a lo que creo de su método, será bienvenida su aclaración.

Hace ya unos años, cuando ser padre aún lo veía lejano, unos buenos amigos nos hablaron de su método. Y me pareció completamente razonable y efectivo; una forma rápida de acostumbrar al niño, de evitarle sufrimientos futuros y de ayudarle a dormir solo.

Pasó el tiempo y entramos en esa bonita época en la que lo de ser padre ya no se ve tan lejano. Y otros buenos amigos nos hablaron de otro tipo de crianza. Tras escuchar atentamente, recuerdo que sólo puse una pega: "todo eso me parece estupendo, realmente estupendo. Pero ¿eso de dormir con el niño? No lo veo demasiado bien". Pero claro, me preguntaron que por qué. Y no encontré ningún argumento válido. Seguimos leyendo, seguimos pensando, y pronto el colecho nos pareció la opción más natural y amorosa de todas las posibles.

Y nos quedamos embarazados. Mi mujer decidió pasar el embarazo al lado de nuestro bebé. Efectivamente, el bebé podría acostumbrarse a su contacto, a su presencia, a ver atendidas de forma inmediata todas sus necesidades. Pero pasar por una extirpación e implantación de útero varias veces al día era demasiado incómodo. Es posible que estuviéramos malacostumbrando a nuestro hijo, pero decidimos asumir el riesgo.

Y nació nuestro hijo. Nos pusieron una cunita en el hospital, pero mi mujer decidió que el bebé dormiría con ella en su cama, pese a que solamente tenía unas horas. Sí, como supondrá, algunas personas nos decían que actuábamos mal, que estábamos malacostumbrando a nuestro hijo, pero decidimos que era mejor así.

Y más tarde, ya en casa, nos pareció muy buena idea seguir durmiendo juntos. Y así lo hicimos. Recuerdo la bonita escena de nuestro hijo al pecho de su mamá... y ambos durmiendo. Sí, quizá podíamos estar malacostumbrándolo, pero se nos hacía muy difícil y antinatural cualquier otra opción.

Llegó un momento en el que tres personas en el espacio de una cama de matrimonio hacía un poco complicado descansar bien, así que decidimos acoplar la cuna a la cama, construyendo una macrocama. Y ahí estuvimos durmiendo los tres durante casi tres años. Era la habitación de los tres, sin duda. Y estaba decorada (con un bonito paisaje creado por la abuela Pili) para ser no solamente la habitación de los papás, sino la habitación de los tres. Posiblemente esto sea un malacostumbramiento terrible, pero nos pareció adecuado hacerlo así.

A partir de los dos años y medio, nuestro hijo empezó a dar señales de que aquello de dormir con nosotros no iba a ser para siempre. Eran señales como decirle a su mamá, cuando le va a acompañar para dormir, "mamá, vete". O del tipo de ver una cama en otra habitación y querer quedarse. O de ir a un hotel y preguntar por su cama.

Y con un poquito más de tres años, una noche nos dijo que quería dormir en "la habitación pequeña". Era ya de noche, y no teníamos nada preparado (ni la cama ni, sobre todo, nuestro corazón), y le dijimos que "mañana lo preparamos". Y claro, lo preparamos. Y llegó la noche. Y pidió irse a "la habitación pequeña". Y no se crea usted que nos llamó primero cada cinco minutos, luego cada diez, etc. Nada. En toda la noche no lo oímos.

A la noche siguiente, cuando se iba a acostar, le preguntamos dónde quería dormir. Y volvió a querer "la habitación pequeña". Y durante varias noches le seguimos preguntando. Hasta que un día me dijo: "Papá: donde pone Dani. DA-NI" (unos días atrás había decidido poner allí las letras de su nombre). Y ya no le preguntamos más.

Ya no es "la habitación pequeña". Es la habitación de Dani. Aunque, desde luego, siempre tendrá nuestra habitación a su disposición. Siempre que él quiera, claro. Por ahora (y ya va casi medio año) no ha querido.

Y lo que le quiero plantear, Sr. Estivill, es por qué, habiéndolo malacostumbrado a conciencia, día tras día durante más de tres años, ahora se ha querido ir a otra habitación. ¿Por qué? ¿No se supone que le hemos creado una dependencia, que debería seguir queriendo dormir con nosotros durante mucho tiempo? ¡Con lo maravilloso que es disfrutar de su respiración, de su olor, de su calor!

Sr. Estivill, creo que le he pillado. Con la cara de bueno que usted tiene, no puede ser una mala persona. Usted ha difundido este método para que los niños no quieran irse nunca de la habitación de los padres, ¿verdad?

UNA NUEVA PATERNIDAD

El defensor de la díada

Cuando recibimos la noticia de que vamos a ser papás (hablo de papás varones), generalmente nuestra mente viaja al lugar común de lo que nuestra sociedad considera que debe ser un padre. En este capítulo voy a intentar describir algunas de las muchas cosas que puede hacer un padre; y para ello me he ayudado de las sugerencias que me han dado las mamás del grupo al que pertenecemos.

Comenzamos a ser padres, aunque no lo sepamos, aunque nos enteremos bastante más tarde que nuestras compañeras, ya antes del embarazo.

Cuando comunicamos la noticia de que estamos esperando un hijo recibiremos calurosas felicitaciones (en ocasiones, y por extraño que resulte, más calurosas que las que recibe la mamá), y la sociedad, prácticamente, ya no nos exigirá nada más durante ese tiempo. Pues bien, durante el embarazo hay unas cuantas cosas que podemos hacer y que, sin duda, ayudarán a la mamá, al bebé, a nuestra relación de pareja y a nosotros mismos. He aquí algunas sugerencias: asistir a los cursos de educación maternal, leer todo lo que caiga en nuestras manos sobre crianza, servir de apoyo y de luz -aunque estemos hundidos y en la más profunda oscuridad- si el embarazo no evoluciona bien, adelantarnos a los deseos de nuestra compañera (bueno, esto deberíamos hacerlo siempre, no solamente durante el embarazo), e incluso prepararnos para ayudar en el parto si ese bonito momento nos pilla a solas (a solas con la mamá y el bebé, se entiende). Y, desde luego, nunca, nunca, dejar de mimar a la futura mamá. Así que mimos, caricias, y apoyo. Alguna mamá nos apunta que los masajes en los pies deberían ser obligatorios. En general, cualquier masaje será bien recibido; en concreto, y hablando de masajes, podemos tomar parte activa en la preparación al parto con el masaje perineal.

UNA NUEVA PATERNIDAD

Es importante saber que, aunque de entrada no lo parezca, el embarazo es una época maravillosa en la que se puede -y debe- disfrutar, y mucho. En ocasiones los papás (y mamás), tras haber pasado el embarazo, se lamentan de no haber aprovechado y disfrutado más esos meses.

Durante el parto podemos ser una ayuda insustituible para la mamá. Ayudando durante la fase de dilatación, haciendo más llevaderas las contracciones, haciendo valer sus deseos si ella no se siente con fuerzas, protegiendo su intimidad y participando en lo que nos solicite, ayudando a tomar decisiones. En la fase del expulsivo, puede que en algún momento seamos los ojos de la mamá. Hagamos bien ese papel, ya que no es poca cosa ser los ojos de una madre. Tras el parto, podemos colaborar impidiendo la separación mamá-bebé (aunque cada vez es menos necesario impedirlo, ya que todo el personal es más consciente de su importancia) y, si esta separación debe darse, podemos acompañar a nuestro bebé para que sepa que tiene a su papá al lado.

Pero donde realmente comienza nuestro papel destacado es con el nacimiento de nuestro hijo. Pero no solamente atendiendo a nuestro hijo (que también, desde luego: ¡que el primer pañal no lo cambie otra persona!) si no, sobre todo, atendiendo, sosteniendo y conteniendo a la mamá. Si hacemos esto bien, ella podrá centrarse en su principal y única tarea: cuidar a nuestro bebé. Y atender a la mamá pasa en muchas ocasiones por protegerla de la agresividad del entorno. En muchas ocasiones, al producirse el nacimiento (incluso antes) empiezan a llover multitud de consejos no solicitados (y, sobre todo, no deseados), ya que todo el mundo se considera lo suficientemente sabio para opinar sobre todos los detalles y criticar todo aquello que no concuerda con su forma de actuar. Desafortunadamente, casi nadie se considera lo suficientemente sabio para concluir que la mamá es quien más conoce al bebé y quien mejor sabe tratarlo (no olvidemos que, al final de un embarazo a término, una mamá lleva nueve meses cuidándolo y alimentándolo, sin necesidad de

UNA NUEVA PATERNIDAD

opiniones externas).

La misión del papá, como digo, es ser el defensor de esa díada mamá-bebé. Este término, "díada mamá-bebé", lo leí por primera vez en un texto de la autora Laura Gutman; se refiere a que la madre y el bebé son todo uno (igual que lo han sido durante los nueve meses anteriores). Y como la mamá está perfectamente preparada para saber qué tiene que hacer con su bebé, nuestra misión es cuidar a la mamá y protegerla de ese agresivo entorno. De todo el periodo post parto, el inmediatamente posterior es clave, somos los encargados de preservar la intimidad y mantener la tranquilidad de la familia, puesto que demasiadas visitas puede entorpecer la recuperación de la mamá, la instauración de la lactancia... y la mamá no está para decirle a la gente que se vaya (o que no venga). Considero que esta labor es, completamente, del papá. Debemos estar alertas y, si es necesario, ser lo suficientemente asertivos con quien sea necesario. Si podéis buscar en vuestro entorno personas de confianza que os puedan ayudar en esta tarea, todo será más fácil.

Con la lactancia debemos mostrar todo nuestro apoyo (si hemos asistido a clases y leído, mejor que mejor). Apoyo recordando y ayudando con las técnicas de lactancia; apoyo haciendo saber a los demás que sí, que el pecho (o el biberón, si ésta es la opción) se da a demanda. Apoyo frente a las críticas. Y en el caso de que haya un hermano mayor y se dé lactancia en tándem... dupliquemos el apoyo, porque quizá se dupliquen las críticas. Si, además, se decide llevar un estilo de crianza diferente del que llevaron las personas de nuestro entorno, el aluvión de críticas está asegurado, incluso ante hechos ya tan habituales -afortunadamente- como la mencionada lactancia a demanda o el colecho. A este respecto quiero indicar aquí el mejor consejo que recibimos, proveniente de mi madre: "compraos un paraguas" (se refería a usar un paraguas imaginario en contra de todas las críticas que estábamos recibiendo e íbamos a recibir).

También podemos estar pendientes de cada detalle que

nuestras compañeras necesiten: una jarrita de agua para cuando está dando de mamar y le viene la sed; algo para picar antes de que nos lo pida; encargarnos de que no se tenga que preocupar de tareas domésticas (comidas, coladas, planchas y demás). Si podemos liberar a la mamá de todas esas labores "domésticas", todos lo agradeceremos. Y aquí las mamás no piden solamente que las realicemos, sino que no preguntemos cada cosa: que seamos capaces de tomar esas decisiones que ellas toman diariamente (afortunadamente, cada vez es más tarea de ambos). Y en todas aquellas tareas relacionadas con el bebé que podamos hacer (todas salvo dar de mamar) también debemos estar.

Los papás tenemos que ser conscientes de que somos un pilar fundamental, sin el cual todo se puede venir abajo (aunque hay madres heroínas que son capaces de criar sin padre... o a pesar del padre), y podemos ofrecer un punto de vista más sereno y -en palabras de una mamá de nuestro grupo- "menos hormonado". De veras, aunque no nos lo creamos, somos más importantes de lo que nos parece. Utilicemos bien esa importancia.

Y como debemos desempeñar bien esa función, debemos señalar que no es un momento para nuestros hobbies, no es un momento para irnos a un viaje de trabajo, no es un momento para congresos. Es un momento para nuestro hijo.

Es un momento para la madre de nuestro hijo. Es un momento que jamás volverá. Debemos aprovecharlo. No salgas tarde del trabajo. Si es posible, ni vayas a trabajar (puedes pedir una excedencia, reducir la jornada, o hacer parte del trabajo desde tu casa; al menos estarás presente en una fase de tu vida, como digo, irrepetible).

Por otra parte, debemos tener siempre presentes los cambios hormonales por los que pasan nuestras parejas, que pueden hacer que las reacciones sean diferentes a lo habitual.

Y un detalle importante: la mamá ha recibido toda la atención y mimo, de todo el mundo, durante nueve meses. Pero llegado el parto, es el bebé quien concita prácticamente toda la atención. Hagámosle saber a la mamá que sigue mereciendo y teniendo nuestra atención.

Y no quiero terminar sin aclarar que sí, desde luego que los padres también tenemos nuestro propio puerperio, y nuestros miedos, y nuestras dudas (tranquilos, que el sexo no se acaba; de hecho, hay padres que llegan a tener más de un hijo). Encontrarse por primera vez ante un hijo es algo para lo que no estamos preparados y nos desborda, y no sabemos cómo actuar. Adicionalmente, no somos el centro de atención (tenemos por delante al bebé y a la mamá), y -en principio- nadie se ocupa de nosotros (quizá sí nuestra familia directa). Pero no es tampoco el momento para reclamar atención, sino para proporcionarla. Es una travesía que tenemos que recorrer sin esperar ser atendidos. Por otra parte, también nosotros sufrimos cambios hormonales que harán que no sintamos exactamente lo que sentíamos unos meses antes. Todo forma parte de la misma bonita aventura de la maternidad. Lo que vendrá después, será aún mejor.

Termino este capítulo con un texto en el que recorro algunos de los temas habituales de crítica dirigida hacia los padres primerizos.

Podéis pasar a pedir disculpas

Me dirijo a vosotros, a esos que nos decíais que, si un niño duerme con sus padres, después no va a querer dormir nunca solo. Aprovechasteis el puerperio para decirnos eso, pero acertamos no haciéndoos caso. Cuando queráis, podéis pasar a pedir disculpas.

Me dirijo también a los que decíais que si un niño juega

siempre con sus papás, después no va a saber nunca jugar solo o no va a saber jugar con otros niños. Cuando queráis, podéis pasar a pedir disculpas.

Y también me dirijo a los que decíais que si a un niño se le ofrece siempre la teta, va a estar colgado de ella siempre. Cuando queráis, podéis pasar a pedir disculpas.

Ya que estamos, me quiero dirigir también a los que decíais que llevar a un bebé colgado de un fular o de una mochila era perjudicial para él. Cuando queráis, podéis pasar a pedir disculpas.

Quiero recordar también a los que nos decíais que si un niño no bebe agua y solamente toma teta, se deshidratará. Cuando queráis, podéis pasar a pedir disculpas.

Lo dicho, cuando queráis. Pero, por favor, no todos juntos.

Y, lo más importante, no volváis a decir esos ¿razonamientos? a ninguna madre más. Por favor.

Quiero aclarar una cosa final: por supuesto, no escribo esto a modo de venganza, porque esto no era ninguna competición. Lo escribo sobre todo por lo que apunto en mi anterior párrafo: dejad que cada papá y mamá críen a sus hijos. Sin juzgarlos. Sin presionarlos. Sin intentar ponerlos en una duda constante sólo por atreverse a pensar por sí mismos, o por tener la suficiente humildad como para consultar en libros lo que muchos dan por sabido.

Si esto sirve para que un solo papá o mamá, en su lucha contra el a veces hostil entorno de los primeros meses de vida de su hijo, se sienta más apoyado, me doy por enormemente satisfecho y feliz.

UNA NUEVA PATERNIDAD

Se necesitan hombres

Afortunadamente, quedan lejos, muy lejos, los tiempos en los que la masculinidad y la paternidad se necesitaban diferenciar de la feminidad y la maternidad por, básicamente, la violencia. Durante millones de años, desde que aparecieron los primeros homínidos, la violencia fue necesaria para proteger a la tribu de los ataques de otras tribus, también violentas. A mayor violencia y agresividad, mayores probabilidades de sobrevivir y no ser destruido (y mayores probabilidades de destruir). Muy posiblemente, y aunque no me guste nada escribir esto, sin esa violencia, miles de tribus habrían desaparecido; desde luego que también han desaparecido miles de tribus por culpa de la violencia, pero, en general, ser violento otorgaba más posibilidades de supervivencia.

Pero, por suerte, estos tiempos que vivimos son otros, y la violencia ya no es necesaria (aunque sigue existiendo). Ser hombre (ser varón) ya no tiene por qué estar asociado a ser violento, dominador o agresivo. Posiblemente esté en nuestra genética esa agresividad, pero si abrimos nuestra mente a otro tipo de sensaciones, posiblemente jamás necesitaremos (ni querremos) usarla. Y el mundo será mejor cuando comprendamos esto.

¿Significa esta no-necesidad de violencia que ya no son necesarios los hombres en nuestras "tribus"? Desde luego que no. En este capítulo vengo a deciros algo que quizá no sabíais: hoy, más que nunca, se necesitan hombres.

Vivimos en una sociedad en donde hay demasiado ruido y demasiada violencia, así que se necesitan hombres que prefieran las caricias y las palabras suaves a los golpes y a los gritos.

Vivimos en un mundo que es demasiado rígido, esto es motivo para que se necesiten hombres que sepan amoldarse y gestionar con inteligencia todas las situaciones.

Vivimos en un mundo donde, desafortunadamente, la mujer se ha convertido en un objeto sexual, por tanto se necesitan hombres que sean capaces de apreciar y conocer la maravilla del cuerpo femenino (y, gracias a eso, entre otras cosas, de disfrutar mucho más de la sexualidad).

Porque la mayoría de los hombres están completamente alejados de su lado femenino y de las mujeres, se necesitan -con urgencia- hombres que sean capaces de explicar a los demás hombres que todos, hombres y mujeres, estamos hechos para caminar juntos, para descubrirnos juntos, para construir juntos y para disfrutar juntos.

Y este cambio, como todos los grandes cambios, seguramente no va a suceder de la noche a la mañana; surgirá dentro de cada familia que críe con respeto, sin violencia y con amor. Yo he tenido la infinita dicha de nacer en el seno de una familia donde la violencia (y, en concreto, la masculinidad violenta de la que estamos hablando en este capítulo) no existen; esto me ha regalado una base sobre la que construir mi vida entera y, en concreto, las relaciones con mi compañera y con mis hijos. Además del relato con el que terminaré el capítulo, quiero comentar aquí dos frases de mi padre (mi principal referente masculino) que resumen una manera de pensar y vivir que, por supuesto, ha marcado mi forma de ser y me ha hecho ver que la masculinidad y la crianza se pueden hacer de otra forma:

La primera frase tiene que ver con la sensibilidad de los varones (en muchas ocasiones anulada o menospreciada). La frase es "Hay que ser muy hombre para llorar como un niño". Habitualmente -ya lo sabéis- se nos dice la tontería de que "los hombres no lloran". Pues bien, los hombres sí lloramos. Lloran quienes tienen sentimientos y sí, los hombres también sentimos. Escuchar esa frase en labios de mi padre supuso para mí un aprendizaje y una reafirmación.

La segunda frase tiene relación directa con la forma de crianza. Es la siguiente: "Muchos dicen cosas como 'Yo agradezco a mi padre que me pegara, porque así aprendí', sin embargo, yo le agradezco a mi padre cada uno de los muchos buenos gestos que tuvo conmigo. Fue así cómo aprendí.". Creo que esta frase no necesita explicación. Desde luego, nuestros hijos aprenden del ejemplo. Y nosotros -los papás varones- somos su principal ejemplo en muchas cosas pero, entre otras, en todo lo que se refiere a masculinidad. Nuestros hijos aprenderán que la masculinidad es, sobre todo, lo que vean en su padre.

Puede sonar un poco utópico, pero un mundo menos "patriarcal" (entendiendo el "patriarcado" como un sistema en donde los valores que imperan son los mencionados de agresividad y similares) sería, entre otras cosas, menos competitivo. Y un mundo menos competitivo nos traería, de inmediato, miles de ventajas: en la escuela buscaríamos aprender, no sacar mejores notas; en el juego buscaríamos divertirnos, no ganar; en las relaciones sexuales no buscaríamos nuestro placer, sino el de nuestra compañera; en el trabajo buscaríamos lograr un mejor producto, no demostrar que somos mejores que otros... Un mundo menos competitivo sería, sin ninguna duda, un lugar menos violento y, sobre todo, un lugar mucho mejor. Merece la pena intentarlo, ¿no creéis?

Para llegar a ese mundo debemos despojarnos de multitud de prejuicios, como que preocuparse de los hijos es "cosa de mujeres", que no está bien visto hablar con otros hombres de estos temas, o que buscar la conciliación laboral-familiar no es un tema que nos deba afectar.

Por culpa de este pensamiento de que los hombres no vivimos la paternidad, en ocasiones nos "cortamos" a la hora de expresar nuestros sentimientos a los demás hombres. Pues os tengo que decir que siempre que he hablado de mis hijos a mis compañeros y amigos varones lo he hecho sin ningún prejuicio de "lo que se espera que se diga". Es decir, he hablado abiertamente

UNA NUEVA PATERNIDAD

de que tener un hijo es lo más maravilloso de mi vida, y que cada segundo que disfruto con él merece absolutamente la pena. Y mis amigos, compañeros (y clientes) han tenido que entender que mis prioridades, efectivamente, han cambiado. Y lo han entendido muy gustosamente. Y en los casos es que me dirigía a personas que ya tenían hijos, no han encontrado novedades en mis palabras, porque básicamente estaba describiendo sus sentimientos, aunque quizá no hubieran tenido oportunidad de manifestarlos tan abiertamente.

Otra situación donde podemos marcar la diferencia es en los grupos de hombres en donde se cuentan chistes machistas o degradantes para la mujer. ¿Os digo un secreto? No hay por qué reír esos chistes. ¿Y os digo otro más? Si no os reís, quien se ha atrevido a contarlos se hunde en su propia vergüenza. Porque, en el fondo, también piensa como nosotros. Porque, en el fondo, sabe que las mujeres no están para recibir ese trato. Porque, en el fondo, seguramente, a él tampoco le hace gracia ese chiste.

Tener un hijo, aproximarnos a esta nueva forma de pensar, nos hará cambiar prioridades y deseos; quizá ahora nos duchemos con Mickey Mouse en lugar de con nuestra compañera, pero -creedme- puede ser también tremendamente divertido. (Y esto no impide que podamos darnos otro baño con nuestra compañera, por supuesto).

Otro camino en el que podemos y debemos avanzar es en el descubrimiento de la mujer (incluyendo su sexualidad) y también de nuestro propio lado femenino. Realmente este punto, como otros muchos, daría para un capítulo o para un libro entero, pero no quería dejar de mencionarlo en este recorrido fugaz por esta "nueva" paternidad.

Podemos también hacer valer este nuevo paradigma en la lucha diaria por la conciliación laboral-familiar. Habitualmente la lucha por esa conciliación está en el lado femenino, pero cada vez hay más papás conscientes, que intentan hacer ver a sus empresas que el tiempo para la familia es sagrado (y que ese tiempo debe aumentar). Tengo la bendita suerte de tener un compañero de trabajo (y amigo) con un punto de vista muy similar al mío (de hecho, él y su esposa fueron los que nos "presentaron" todo el mundo de la llamada "crianza natural"), así que ambos entendemos perfectamente que, si en mitad de una reunión de trabajo, uno de nuestros hijos quiere hablar con el otro, puede hacerlo perfectamente. Esta situación, que no suele ser conflictiva con mujeres, también ha demostrado no serlo con varones.

Ya casi para terminar, os descubriré una fórmula mágica:

Carencia de violencia + Aparición de la paternidad = Crianza Respetuosa.

Si no somos violentos, seremos capaces de tratar a nuestros hijos con respeto y confiando en ellos. Esta crianza respetuosa generará, sin duda, personas no violentas. Y si nos lo permitimos, ayudaremos a esta sociedad a que entre en un círculo virtuoso.

Termino este capítulo con un texto en el que relato una bonita situación que viví con/aprendí de mi padre, y que creo que resume perfectamente el nuevo paradigma de la paternidad y de la masculinidad.

La infinita influencia de un padre

Corría la temporada 1981-82 y el Celta y el Deportivo de La Coruña, recién ascendidos de 2ªB, iban a disputar un derbi en Balaídos, el estadio del Celta.

Yo acababa de aficionarme de verdad al fútbol; en temporadas anteriores había acudido alguna que otra vez a

Balaídos, pero fue en esa temporada cuando en verdad me enamoré de ese deporte, y es la primera temporada de la que tengo recuerdos nítidos. Así pues, aquel Celta-Deportivo es uno de los primeros partidos que recuerdo y, desde luego, mi primer derbi. Os podéis imaginar la maravillosa ansiedad que sentía ante el comienzo del partido.

Y saltó el Deportivo al campo. Balaídos se vino abajo con gritos, abucheos y silbidos en contra del máximo rival.

Entonces, mi padre se puso de pie y empezó a aplaudir. Y yo hice lo mismo.

Mi padre acababa de explicarme, en un par de segundos, qué significa el respeto y qué significa el deporte. Y que una cosa es ser rivales y otra, muy distinta, ser enemigos. Después saltó el Celta al campo y, claro, fue el éxtasis absoluto. El Celta (que acabaría siendo campeón de Liga y ascendiendo a Primera) ganó el partido, pero yo gané mucho más.

Un padre nunca puede saber hasta dónde puede llegar cualquier gesto, por simple que sea. Estoy seguro de que yo sería una persona distinta si mi padre hubiera abucheado.

UNA NUEVA PATERNIDAD

Álvaro Espejo

Reflexiones

Tus hijos no son tus hijos,
son hijos e hijas de la vida
deseosa de sí misma.

No vienen de ti, sino a través de ti
y, aunque estén contigo,
no te pertenecen.

Puedes darles tu amor,
pero no tus pensamientos, pues
ellos tienen sus propios pensamientos.

Puedes abrigar sus cuerpos,
pero no sus almas, porque ellas
viven en la casa del mañana,
que no puedes visitar
ni siquiera en sueños.

Puedes esforzarte en ser como ellos,
pero no procures hacerlos semejantes a ti,
porque la vida no retrocede,
ni se detiene en el ayer.

UNA NUEVA PATERNIDAD

Tú eres el arco del cual tus hijos,
como flechas vivas, son lanzados.

Deja que la inclinación
en tu mano de arquero
sea para la felicidad.

Khalil Gibrán

Si definimos la paternidad como la relación que los hombres establecen con sus hijas e hijos en un marco simbólico sociocultural que se transforma a lo largo del ciclo de vida tanto del padre como de los hijos o hijas, escribir algo acerca de la paternidad, la responsabilidad que supone y como debería ser un buen padre, sin ser padre, en principio, podría ser tomado como algo paradójico y lo entiendo pero en mi defensa diré que he tenido un padre al que adoraba y que fue un padre excepcional, creo que un ejemplo de padre y de persona, estudié magisterio aunque no ejerzo y eso sirve para aclararme las cosas en cuanto a cómo educar y valorar más si cabe el papel de la familia en la educación, pues es la familia la que en realidad educa y además estuve en un proceso de adopción internacional... sí también hubo un momento de mi vida en que me plantee tener una hija o un hijo con mi ex-pareja.

Supongo que no hay que ser un padre perfecto para ser un buen padre, pero hay que trabajar en la paternidad conscientemente con expectativas realistas.

Prometo que todo lo que diga saldrá directamente del corazón y no os aburriré con retóricas ni argumentos activistas. Intentaré ser breve, además sólo pretendo dar un apunte para una posterior reflexión.

UNA NUEVA PATERNIDAD

Quiero que sepas

Quiero que sepas padre
que llegado el día,
me agarraré a tus raíces...
calurosa Andalucía.

Me perderé por las calles
de la ciudad de Sevilla...

Quiero que sepas padre
que no te olvidaré en la vida.

Álvaro Espejo

Y el día llegó, la muerte de mi padre fue el trece de julio de 2012 de madrugada... el dolor también. Todas mis amigas y todos mis amigos me dijeron que sería conveniente recordar a mi padre y mi relación con él. Recordé entonces anécdotas, sentimientos, su manera de afrontar la vida, de relacionarse con las demás personas, su rol familiar y tantas cosas que nos unían desde mi nacimiento.

Mi padre y mi madre me dijeron que aunque los niños y las niñas no vienen de París, yo si lo hice porque mi madre, mis dos hermanos mayores y mi padre vivieron allí mientras mi padre trabajó en la ciudad y mi madre se quedó embarazada. Yo no nací en París pero cada vez que mi padre volvía por razones laborales a viajar, sus compañeros franceses le preguntaban: "¿qué tal está el pequeño parisino?". Él siempre contestaba: "crece fuerte y feliz". Supongo entonces que lo más importante para él sería que tuviese buena salud y fuera feliz y yo creo que ambas cosas son indispensables. Padres y madres deben cuidar de sus hijas e hijos, hacer que sean felices y que su crecimiento emocional sea correcto.

Tanto mi padre como mi madre siempre me alentaron a que expresara mis emociones y sentimientos sin reparo, animándome a que lo hiciera porque ellos lo hacían abiertamente, sólo así, creo que mi desarrollo emocional ha podido ser optimo y he podido más tarde no temer, ni internalizar, muchos convencionalismos que socialmente están establecidos. Fundamental fue también el respeto además a mis deseos propios, independientes de los suyos, no ejerciendo por tanto violencia emocional. Toda experiencia vital en la infancia sin suficiente apoyo y sostén es violencia. La felicidad de un hijo o hija depende del respeto a sus deseos.

Recuerdo también que de pequeño, mi padre, me leía "El principito", traduciéndolo del francés al castellano para que yo lo entendiera, con ello desarrolló mi imaginación y me creó un habito que jamás he abandonado, ni abandonaré...la lectura. Gracias a él me convertí en un ratón de biblioteca y se desarrollo mi imaginación. ¡Qué bien! Mis hermanos y yo pasábamos las horas junto a mi padre, por lo menos durante la infancia. Como hijo creo que fue fundamental que él estuviera con nosotros, sus hijos y que intentara conciliar su vida familiar y laboral.

Creo que en el actual modelo social en el que el consumo es centro de todo nos hemos alejado de una paternidad y maternidad responsables y muchas veces los roles del padre, sobre todo, vuelven a estereotiparse, alejando a los padre de un rol doméstico y reforzando un rol de proveedor de bienes materiales. Demasiados hombres confunden los regalos materiales con dar lo más preciado que pueden ofrecer a sus hijos e hijas, su tiempo y este comportamiento desde bebés que es un período para entrar en fusión emocional crea una añoranza, la añoranza del padre, que destiñe la existencia del hijo, de la hija y que además marcará la futura relación entre ambos padre e hijo, padre e hija.

También echo de menos verle en la cocina preparando el gazpacho y el cocido, compartiendo las tareas del hogar con mi madre, mis hermanos y conmigo, tomando decisiones conjuntas...

UNA NUEVA PATERNIDAD

Relacionándonos de igual a igual con respeto y cariño.

Tantos y tantos recuerdos me llevan cada vez más a reafirmarme en mis ideas de la etapa de estudios en el magisterio, para educar hay que transmitir valores y actitudes, además de conocimientos.

Un padre desde el amor y el respeto debe participar en el desarrollo integral a nivel físico, emocional y cognitivo de su hijo o hija, valorando la independencia de sus descendientes que no son posesiones suyas, dándole las herramientas necesarias en un plano de libertad en igualdad con la madre... Yo particularmente opino que hay que distanciarse de los viejos estereotipos sobre los padres y sus roles, del concepto patriarcal de la familia que sólo encubre unas relaciones de poder del "cabeza de familia" sobre la mujer, hijas e hijos.

A mí me transmitieron autonomía, respeto, solidaridad, amor... mucho amor conjuntamente mi padre y mi madre. Y eso formó mi autoestima, mi valoración psíquica acerca de mi mismo apoyada en los lazos afectivos de las personas que han sido significativas para mi, abuelas, abuelos, padre y madre sobre todo en mi infancia.

De mi padre me queda además un universo simbólico andaluz, sus raíces que en parte son las mías y que se convierten en alas desde las que vuelo por el mundo. Como dice un proverbio chino: "cuando bebas agua, recuerda la fuente". Creo que eso es lo que yo hubiera transmitido también.

Yo siempre he dicho que: "como mi padre y mi madre educaría y no formaría pues cada vez que formamos deformamos algo".

Si fuera padre me preguntaría: ¿en qué medida estoy presente cuando mi hijo me necesita?, ¿llevo una vida que sea ejemplo positivo para mi hijo o hija?, ¿tengo una buena relación con mi hijo o hija?, ¿me estoy comportando lo mejor posible con mi hijo o hija?

UNA NUEVA PATERNIDAD

Sol colombiano

Cuando seamos tus padres
tendrás ya cuatro años.

Sabemos que has nacido
y te han abandonado
y sin desfallecer
seguimos esperando...
tus sonrisas y tu amor,
sol colombiano.

No te preocupes niña
que muy pronto estamos
robándote un abrazo.

Álvaro Espejo

No sé qué significa ser padre en realidad, me hago una idea pero no lo he sentido pues no lo he sido nunca, ¿lo seré algún día? Creo que no me planteo la respuesta pero hubo un día en que teniendo pareja si pensé en serlo. Los trámites de adopción son duros y largos y no fui yo quien paró éstos.

Nos dieron la idoneidad, ¿será eso qué podría ser buen padre? En teoría sí lo sería.

Deseábamos que nuestra hija, esa era la primera opción, se desarrollase como una persona íntegra, solidaria, respetuosa, honesta, vitalista, reflexiva, segura, paciente y sobre todo feliz, pensando conseguirlo con el ejemplo, la educación en valores y hábitos, la socialización y los cuidados.

El reto de la adopción consistía en no tener vínculos afectivos adquiridos desde la concepción, en tener que crear esos vínculos día a día por ambas partes, hija, madre y padre...sintiendo su filiación desde el primer momento, respetando su diferencia, trabajando con ayuda de profesionales si fuera necesario y en principio los dos estábamos de acuerdo.

Me sigo haciendo la misma pregunta: ¿sería yo un buen padre, cómo definiría la paternidad consciente?

En el perfil psicológico de la adopción me quedó claro que mi madre, mi padre y yo habíamos hecho un buen trabajo en el caso de que yo tuviera descendencia. D. Álvaro es una persona que presenta un apego de tipo seguro, puede sentirse cómodo en la cercanía tanto física como emocional con otras personas. Puede asumir la dependencia de otras personas en circunstancias concretas sin que ello influya en su individualidad. Puede cubrir las necesidades tanto físicas como psíquicas de la niña o niño. Presenta habilidad para reconocer, comprender y aceptar las actitudes y sentimientos de los y las demás, así como para escuchar sus necesidades. Puede ponerse en el lugar del otro y acepta la expresión de sus emociones con naturalidad. No suele emitir juicios acerca del comportamiento ajeno y trata de comprender a los y las demás antes de calificar sus actos.

No olvida sus propias necesidades por las del otro, pero sabe compatibilizarlas de modo adecuado, por lo que resultan saludables los vínculos creados con él. Suele ser capaz de controlar sus emociones y de mantenerse emocionalmente estable a pesar de encontrarse en situaciones estresantes. Generalmente no presenta cambios bruscos de humor. Reflexiona y analiza las situaciones buscando alternativas ajustadas a la realidad y su estructura interna es sólida.

¿Son estas suficientes y las anteriores razones para que yo fuera un buen padre?, ¿Son estas y las anteriores razones las que crean una paternidad consciente?

Unos días antes de morir mi padre, mi madre es acercó a mí

con un libro de poesía y me recitó unos versos de Ruyard Kipling con ellos me despido.

UNA NUEVA PATERNIDAD

IF; SI

Puedes conservar tu cabeza, cuando a tu rededor
todos la pierden y te cubren de reproches;
Si puedes tener fe en ti mismo, cuando duden de ti
los demás hombres y ser igualmente indulgente para su
duda;
Si puedes esperar, y no sentirte cansado con la espera;
Si puedes, siendo blanco de falsedades, no caer en la
mentira,
Y si eres odiado, no devolver el odio; sin que te creas,
por eso, ni demasiado bueno, ni demasiado cuerdo;

SI
Puedes soñar sin que los sueños, imperiosamente te
dominen;
Si puedes pensar, sin que los pensamientos sean tu objeto
único;
Si puedes encararte con el triunfo y el desastre, y tratar
de la misma manera a esos dos impostores;
Si puedes aguantar que a la verdad por ti expuesta
la veas retorcida por los pícaros,
para convertirla en lazo de los tontos,
O contemplar que las cosas a que diste tu vida se han
deshecho,
y agacharte y construirlas de nuevo,
¡aunque sea con gastados instrumentos!

SI
Eres capaz de juntar, en un solo haz, todos tus triunfos
y arriesgarlos, a cara o cruz, en una sola vuelta
Y si perdieras, empezar otra vez como cuando empezaste
Y nunca más exhalar una palabra sobre la pérdida sufrida.
Si puedes obligar a tu corazón, a tus fibras y a tus nervios,
a que te obedezcan aun después de haber desfallecido
Y que así se mantengan, hasta que en ti no haya otra cosa

UNA NUEVA PATERNIDAD

que la voluntad gritando: ¡persistid, es la orden!

SI
Puedes hablar con multitudes y conservar tu virtud,
o alternar con reyes y no perder tus comunes rasgos;
Si nadie, ni enemigos, ni amantes amigos,
pueden causarte daño;
Si todos los hombres pueden contar contigo,
pero ninguno demasiado;
Si eres capaz de llenar el inexorable minuto,
con el valor de los sesenta segundos de la distancia final;

Tuya será la tierra y cuanto ella contenga
Y -lo que vale más- serás un hombre, hijo mío.

Escribir este texto al menos a mí me ha hecho reflexionar acerca de la paternidad, espero que a los que lo lean también.

UNA NUEVA PATERNIDAD

Jose Ernesto Juan

Te doy una canción

"¡¡¡Vámonos de concierto!!!" Esa era mi palabra favorita hasta el 2009. Me encanta la música, siempre he querido tocar la guitarra y cantar, estar al frente de un grupo de música y poder contar a la gente sentimientos sin que parezcan sentimientos reales.

Mi vida discurría por los cauces normales, me encantan mis amigos y salir a tomar cañas con ellos, y de paso, conocer a gente con la que poder compartir un buen rato y reír con bromas inteligentes.

De repente, casi sin darnos cuenta, nos planteamos tener un niño y me encantó la idea. Sabía que iba a conllevar cambios pero no sospechaba que iban a ser tan profundos, tenía amigos que ya habían tenido hijos y parecía que todo era relativamente sencillo de llevar.

Había visto castigos y azotes "por tu bien" y no había saltado a la defensa del menor, supongo que porque incluso los aceptaba y podría utilizar con mi hijo para que no se malacostumbrara, palabra importante en nuestro diccionario diario de padres-madres.

Durante el embarazo comencé a sentir mis propias contradicciones (contracciones personales) con lo que yo veía a mi alrededor y supongo que también pensaba, algo internamente estaba comenzando a cambiar en mi manera de ver el trato hacia el niño y comprendí que todo aquello que pensaba anteriormente no era lo correcto, era algo que viene impuesto desde fuera, tan arraigado en lo más profundo que no eres capaz de percibir si no conectas con tu yo interno, con tu ser.

De hecho, me miraba a mí mismo haciendo algunas cosas que veía en la calle y no me veía capaz de repetirlo, todo a mi alrededor empezaba a parecerme raro, ya no toleraba muchos tratos a los que estaba acostumbrado (nuevamente la palabrita) e incluso gente cercana me parecía extraña.

Mi parte emocional estaba ganando a mi parte racional, por una vez en la vida me estaba dejando sentir y observaba la vida con otro prisma... cambio de prioridades, cambio de paradigma.

Cada vez me interesaban menos las conversaciones sin fondo, comencé a interesarme por artículos y libros de embarazo y crianza para poder estar preparado a la hora de acompañar a mi mujer y a mi hijo.

Y así llegué al parto, habiéndome despojado de bastantes pieles que me servían de coraza ocultando mi "yo" verdadero. Esto que sentía no era nuevo en mí, siempre había estado en mi interior y gracias a la paternidad había sido capaz de emerger nuevamente.

UNA NUEVA PATERNIDAD

Qué importante los 9 meses que la naturaleza da al ser humano para que se prepare emocionalmente. Qué equivocados estamos cuando intentamos resolver las cuestiones físicas o materiales de la llegada de un bebé. Olvidamos revisar nuestra sombra, esa que tenemos tan enraizada que parece luz, tan acostumbrados estamos a vivir con ella que la hacemos nuestra, la hacemos "yo".

Es grato descubrirse a uno mismo, poder navegar contra corriente sin ningún temor a opiniones, aprendiendo en cada momento…. ¡Qué bonita la vida que te da la opción de volver a ser niño con tus hijos!

Al dejar de ser hijo para ser padre puedes volver a reflejarte en ellos y ahí es cuando aparecen los conflictos, las lecciones aprendidas que tanto daño nos hacen cuando aplicamos conductas de modo innato, tan arraigadas en nosotros mismos que nos es muy difícil sacarlas de ahí sin cuestionar a tus padres y a ti mismo, sin dolor y sufrimiento.

Y, ahora, cuando vuelves con los de siempre, es difícil hablar de estas cosas con tus amigos, no sabes bien como lo van a recibir porque no quieres cuestionar a nadie, solo quieres hablar desde tu ser, con el corazón en la mano y sin ningún miedo al "qué dirán" o "qué pensarán de mí"… El ser humano necesita pertenecer a un grupo, necesita socializar sin imposiciones, elegir sus amigos y su camino, pero qué difícil es dejar el camino establecido e intentar crear uno nuevo para el núcleo familiar sin saber muy bien cómo, teniendo que enfrentarte a muchos seres queridos...

UNA NUEVA PATERNIDAD

Y qué bonito es crear, sentirte vivo, no ser uno de los hombres grises de Momo, dejar miedos atrás y coger el timón de tu propia vida: LIBERTAD.

Resulta que al final lo he conseguido, he sido capaz de cantar una canción y poder cantarla delante de un público que me quiere, sin tener miedo a no ser número uno de ventas... He sido capaz de escribir la canción de mi vida, de seguir escribiéndola día a día sin seguir ningún compás exterior, tan solo ver crecer a mis dos pequeños e intentar ser partícipe de ese crecimiento, ya que al mismo tiempo continuo creciendo como ser.

UNA NUEVA PATERNIDAD

Mis contracciones

"Llama a Gaia", me dijo tu madre sobre las 3 de la mañana hace hoy 3 años... momentos antes estaba en la bañera para ver si las contracciones eran reales y tú te disponías a salir. Una llamada a nuestra amiga nos confirmó que estaba en La Milagrosa y que tendría para "un rato" porque estaba atendiendo a otro parto.

Habíamos "conectado", palabra que utilizó en la primera cita... nosotros, unos primerizos, fuimos con nuestro positivo del predictor y ella nos informó de su modo de trabajo: "Debido al tipo de parto que buscáis, es necesario que conectemos". En caso contrario, corríamos el riesgo de tener que buscar otro ginecólogo, algo que en la primera cita infundía respeto y nos sembraba alguna duda pero eso no pasaría, es una persona muy agradable y aún hoy seguimos teniendo relación con ella.

Durante los 9 meses de gestación nuestras vidas cambiaron radicalmente: nos empezamos a informar de las necesidades que ya comenzabas a tener, profundizamos en los cambios físicos y emocionales que mamá iba a sufrir... y yo también comencé un trabajo interior que me permitiese acercarme lo máximo posible a lo que sentíais vosotros dos.

El camino al hospital fue intenso, teníamos casi 40 minutos de viaje hasta llegar al hospital y mamá tenía contracciones fuertes durante el trayecto.

Desde que mamá dio la señal de aviso, el ritmo de las contracciones no se había visto alterado, eran muy frecuentes para lo que pensábamos que debían de ser y los nervios comenzaban a crecer.

Una vez llegamos al hospital, nos encontramos con la persona en la que confiamos tu nacimiento, Gaia supo tranquilizarnos en todo momento y mamá se tranquilizó con sus palabras… a partir de ahí, el proceso volvía a estar en nuestras manos y tu presencia se hacía más real ante la oscuridad de la habitación.

Aún recuerdo cuando avisamos a los abuelos de tu venida, aún quedaba mucho para ella… un 31 de Enero nos encaminamos al cuartelillo los cuatro abuelos y dos de nuestros mejores amigos a celebrar una modesta comida, no queríamos quitar ningún protagonismo al anuncio, nadie lo esperaba y se convirtió en un momento muy especial, hubieron muchos llantos de alegría cuando mamá acabó su emocionante narración: ¡nadie se esperaba ese final digno de la mejor película!

Un mes más tarde, mientras disfrutábamos de una comida el día de mi cumpleaños, comunicamos a los abuelos paternos nuestro deseo de que viniesen a estar contigo cuando mamá se incorporase al trabajo, más o menos cuando tuvieses 5 meses… solo 5 meses de vida y mamá tendría que volver al trabajo porque no hay más tiempo protegido para la diada mamá-bebé. A la abuela le saltaron las lágrimas de felicidad ya que llevaba tiempo esperándote, quería disfrutar de tu presencia y no sabía cuánto tiempo podría hacerlo ya que 400 km de distancia separaban nuestras vidas…

Diego, el matrón que habíamos conocido un par de meses antes, también estaba en el Hospital, era otra persona conocida y parecía que todo se aliaba para tu llegada: estábamos acompañados por 2 personas en las que confiábamos plenamente y hacía especial esos momentos tan intensos.

Tenía muchas ganas de que llegase este momento, era una prueba muy importante para mí, necesitaba probarme a mí mismo, afianzar todo el trabajo realizado junto a mamá, sabía que mi sostén era parte importante para acompañar el proceso de mamá y participar en tu venida.

Creía conocer lo que significan los 9 meses de gestación que necesita el ser humano para venir al mundo aunque necesitaba ponerlo en práctica: es una preparación para comprender lo que significa ser madre-padre. El reto es recoger el testigo ofrecido por la vida desde el primer momento y asumir tu papel desde el principio, comprender las necesidades que tiene el bebé y la mamá, defender al cachorro y a la madre ante cualquier irrupción externa, para que ambos puedan establecer el vínculo con seguridad.

Estos sentimientos los fuimos descubriendo durante los 9 meses de gestación, intentando quitar parte de la coraza impuesta por tantos años vividos en esta sociedad, desaprendiendo los hábitos adquiridos e intentando llegar a nuestro Ser.

Este período significó mucho para nosotros, la intensidad del momento hacen que sea un tiempo muy especial, cada visita a Gaia éramos distintos, estábamos comenzando el final de una etapa de vida para comenzar otra… nuestras vidas no volverían a ser las mismas, dejábamos de ser hijos para comenzar a convertirnos en padres.

Tanto que solo un par de meses después, nuestra visión comenzaba a ser otra y tuvimos que dar la primera desilusión a los abuelos: no serían ellos los que se ocupasen de ti a los 5 meses. Aún recuerdo la cara de la abuela en ese momento: sus ojos se enrojecían por la tristeza, la ilusión que tiempo atrás había transmitido su mirada había desaparecido y parecía no comprender nada.

Siempre había pensado que cuando tuviese un hijo querría disfrutar de su niñez el máximo tiempo posible, no quería que nadie me contase sus "primeros grandes avances": sonrisas, balbuceos, gateo, pasos… En más de una ocasión había comentado con mamá que cuando fuese padre, solicitaría una excedencia en mi trabajo para poder disfrutar de mi niño todo lo posible, aunque las cosas habían cambiado mucho desde aquello.

El proceso cambiante que es el embarazo nos había llevado a tomar la decisión que la mejor opción era que permanecieses con mamá, debía ser ella quien pasase el tiempo contigo, era lo que tú necesitabas y también lo que mamá necesitaba. Mi papel seguía siendo defender el vínculo, permitir que estuvieseis juntos, mirándoos a los ojos y diciéndoos secretos con el corazón.

Las velas y la música nos acompañaron durante la noche, Gaia acompañaba con su ausencia presente y nuestros corazones su unían para traerte al mundo. Siempre recordaré esos momentos como los más bonitos de mi vida, la intimidad del momento me permitió acercarme a ti, intentaba navegar junto a la mano de mamá hasta ti… era el momento que estaba esperando para probarme, para saber si iba a ser capaz de acompañaros en estos momentos tan importantes y permanecía tranquilo, disfrutando de tu venida, sintiendo tu llegada, enamorándome de vosotros.

El calor del agua nos quiso acompañar, mamá se sentía más libre y ligera mientras las contracciones comenzaban a ser más importantes, tú te acercabas nadando hasta nosotros y era nuestra manera de acercarnos aún más a ti.

También nos atrevimos con un baile de bienvenida como celebración de tu llegada, como final del trabajo de parto… qué ganas tenía de verte, de tocarte y abrazarte…

Tras unos pujos y 11 largas e intensas horas de trabajo de parto, Gaia nos indicó que no bajabas, algo impedía que llegases a asomar la cabecita y teníamos que hacer algo para ayudarte.

Con toda la tranquilidad del mundo, Gaia nos informó que era necesario utilizar una ventosa para ayudarte. Era un objeto muy pequeño y no parecía que fuese a ser nada agresivo así que accedimos…

Ese momento fue otra prueba para nosotros, nos mantuvimos tranquilos en la decisión e intentamos colaborar lo máximo posible… Recuerdo cuando escuché aquellas palabras… después de todo el trabajo que habíamos hecho, tu venida no podía acabar en algo que no fuese a atravesar el canal del parto, el lugar natural de la venida de cualquier niño, así que teníamos que colaborar en todo lo posible para que así fuese, para conseguir que tu venida al mundo fuese lo más respetuosa posible.

Tras aclarar mis pensamientos, alejé mis dudas para estar presente, acompañándoos en vuestro proceso… algo me decía que comenzabas a acercarte y esta vez sería para siempre…

Tras un par de ocasiones fallidas, desechamos la ventosa porque no estaba dando sus frutos y al momento, comenzaste a participar nuevamente, a sacar fuerzas de tu cuerpecito para poder encontrar a tus papis, estábamos allí, esperándote…

Esos instantes fueron los más intensos que he vivido nunca: el deseo y la ansiedad por verte eran muy grandes, se estaba acercando la hora que tanto había esperado.

Mamá sacó fuerzas para intentar traerte a nosotros, tú parecía que deseabas conocernos y mientras yo intentaba colaborar de una manera respetuosa con vuestras necesidades, despacio y atento a tu llegada.

De repente, vi tu cabecita, tenía mucho pelo y grité llorando para animar a mami: "Ya está aquí cariño, lo estoy viendo". Al oír estas palabras, mamá respiró y volvió a pujar en la siguiente contracción para traerte al mundo.

Rápidamente te pusieron en su pecho para que descansarais mientras yo contemplaba la escena sumido en una alegría inmensa: allí estaban las dos personas que más amaba en el mundo y una de ellas la acaba de ver por primera vez.

Las sensaciones de ese momento son indescriptibles, creo que faltan palabras para poder describir lo que pasa por el corazón de un padre cuando ve la venida de su hijo al mundo. En mi caso me sentí pleno, completamente emocionado, y al mismo tiempo desnudo, volcado al momento sin existir nada más, se para el tiempo y solo hay miradas cómplices para aquellos dos seres tan preciados.

UNA NUEVA PATERNIDAD

En la preparación al parto tuvimos alguna sesión de visualización y de conexión con nuestra respiración para ser conscientes de nuestro estado. En alguna de estas sesiones intenté imaginar y visualizar este momento pero es una sensación inimaginable para mí antes de ser padre. Las sensaciones y emociones de ese momento se escapan a la razón, aflora nuestro ser más primitivo para ser plenamente consciente del momento y poder disfrutarlo al máximo.

También la mirada de mamá había variado, se la notaba en paz y feliz de tenerte cerquita de ella, pegado a su pecho desnudo...

Tras comprobar que todo estaba bien y bajo control, busqué mi espacio para soltar, fui al aseo a darme un merecido abrazo comprensivo y reconfortante: me puse a llorar. Esas lágrimas hicieron que me sintiese en paz conmigo mismo desde hacía mucho tiempo, allí había un hombre que había dejado de ser hijo para convertirse en padre.

UNA NUEVA PATERNIDAD

Duérmete dulce niño

"¡Papá, ahí no!" me dijo Samuel hace unos días cuando se dio cuenta que estaba durmiendo en la "cama dura" (así la llama) junto a David y mi mujer.

Todo comenzó unos meses antes de su llegada, hace ya más de 3 años. Mi corazón le dijo a mi cabeza que deseaba dormir junto a mi mujer y mi bebé... sabía que era lo que esperaba el bebé pero también importante era lo que yo sentía que quería hacer.

Mi mujer compartió mis sentimientos y a día de hoy seguimos practicando el colecho junto a nuestros dos hijos: Samuel de 3 años y David de 9 meses, aunque por lactancia y por amplitud, soy yo quien está más cerca del mayor.

Hay muchos datos sobre cuán beneficioso es el colecho para los bebés, muchos estudios contrastados que avalan esta práctica ancestral, aunque lo que quiero reflejar en estas líneas es lo que significa para mí como padre.

Recuerdo cuando puse encima de mi pecho a Samuel aquella primera noche en el Hospital, lo miraba y pensaba que era lo más bonito e increíble que me había pasado en la vida. Aún tenía oxitocina tras las 12 horas mágicas en que Samuel se acercaba a nuestro camino y por fin estábamos "solos". Su madre descansaba a escasos centímetros de nosotros y por fin estábamos piel con piel compartiendo silencios…

UNA NUEVA PATERNIDAD

Aquella primera noche no dejaba de mirarte, vigilando todos los pequeños movimientos, sintiendo cada segundo como una vida juntos.

Siempre he pensado que la noche tiene algo de mágico y concretamente esos momentos de vigilia justo antes del sueño, cuando aparecen los pensamientos más valientes y que nuestra razón no deja muchas veces aflorar durante el día.

Desde hace 3 años, esas noches han pasado a ser especiales, se ha unido la magia con la maravillosa sensación de compartirla con mi hijo, escuchando su respiración y estando presente ante cualquier necesidad.

En esas noches, cuando descansas, pido deseos brillantes, secretos preciados y navego de tu mano a un nuevo mundo... Te beso en silencio y te toco, me acerco a ti y te susurro al oído un "Te quiero" tan alto que hasta la Luna puede escucharlo.

Hoy día aún tengo la oportunidad de experimentar esa sensación, aún dispongo de noches en tu compañía, hasta que tú lo decidas... mientras tanto, mientras pasan las noches, te veo crecer, te miro y veo aquél pequeño bebé al que acompañé durante unas horas en su primera noche y que hoy día aún tengo el placer de continuar acompañando al niño en que te has convertido... hasta que tú lo decidas.

Gracias por este regalo que me brindas, gracias por hacerme padre, gracias por haberme elegido...

Utilizando palabras de Lope de Vega en su Soneto: "Esto es Amor. Quien lo probó, lo sabe".
Te amo hijo mío, tu papi.

UNA NUEVA PATERNIDAD

Traición

Alba llevaba unos días diciéndome que quería hacerse la prueba del predictor, suponía que estaba embarazada y yo le daba largas, le proponía esperar una semana más para tener claro que la falta de la menstruación podría suponer una nueva paternidad... como si no supiese que su reloj interno tenía pocas posibilidades de fallar!!

Cuando en el segundo predictor apareció el positivo, lejos de llevarme una alegría explosiva me encontré con una simple mueca... La primera vez, una alegría recorrió mi cuerpo desde los pies a la cabeza: íbamos a ser padres y era algo que deseaba con todo mi corazón pero esta segunda vez algo no era igual.

Habíamos pensado tener un segundo hijo (incluso ha aparecido la posibilidad de tener un tercero), quería tener un segundo hijo... ¿entonces qué es lo que estaba pasándome? ¿Por qué no estaba eufórico como la primera vez?

No fue muy difícil comprender lo que me pasaba, tan solo tuve que mirarme hacia dentro, conectar y descubrir que me sentía tan mal porque pensaba que mi hijo no estaba preparado para tener un hermano tan pronto, con solo 20 meses (29 cuando naciese su hermano) aún nos necesitaba mucho, requería de nosotros tanto que en ese momento no sabía cómo podría gestionar las necesidades de los dos peques.

Me sentía que había traicionado a mi hijo, a la persona que más quería en este mundo, estaba fallando a alguien que tenía depositada su confianza en mi figura de padre, precisamente ahora en la que tanto me iba a requerir tras comenzar a superar la diada.

Muchas veces pienso que no tuve que ser yo el encargado de dar la noticia a los abuelos, no puse la efusividad que merece un momento tan especial como éste... Mes y medio después seguía con mi culpa, esa misma que la sociedad nos trata de inculcar bajo cualquier concepto y que tanta carga nos trae, la misma que tenemos que saber controlar para poder ser capaces de perdonarnos a nosotros mismos...

Mientras pasaba por esta etapa, mucha gente me decía que era lo mejor que podía hacer "así en 2 años más habrás terminado de cambiar pañales y podrán jugar juntos". Lejos de darme ánimos, esa frase me hacía un daño terrible... esa frase estaba sacada desde el punto de vista del adulto, pensando en su comodidad y para nada en las necesidades emocionales del niño, en su tiempo precioso de desarrollo y en lo duro que podría ser para Samuel tener un hermano tan pronto.

En esta sociedad adulta en la que nadie empatiza con los niños y que tanto se les pide que actúen como adultos, la llegada de niños "seguidos" está muy bien vista, nadie se para a pensar que para el bebé-niño puede ser una etapa durísima, justo cuando comienza a destapar sus emociones y necesita la presencia de un adulto comprensivo y empático, justo en ese momento va a tener un "rival" en la presencia y disposición de su madre-padre... un rival muy difícil de vencer ya que aún estará más indefenso que él.

Mi proceso interno seguía su evolución, los días pasaban y no terminaba de superar esa culpa, esa traición que yo sentía que estaba haciéndole a mi hijo... hasta que un día, una buena amiga me dijo que este hijo que estaba por llegar sería un regalo para la familia, sobre todo para Samuel, algo que mi madre siempre me había recordado al ser hijo único: "José Ernesto, yo no te pude dar un hermano a ti... dale un hermano a Samuel".

Mi madre era la mayor de tres hermanos, ella también había pasado por el mismo trance al que yo llevaba a mi hijo y precisamente era la que me animaba a darle otro hermano a mi hijo.

De repente comprendí que no me podía quedar allí, tenía que disfrutar de este nuevo embarazo, quería incluir a mi hijo en los preparativos de la fiesta de llegada de David, así desde el primer momento podría ser consciente de lo que había dentro de la barriga de mamá, haciéndolo partícipe de todas las etapas.

Y sobre todo, nuestro nuevo retoño no tenía nada que ver en nuestras decisiones ni remordimientos, era un bebé buscado y querido y tenía que darle lo que necesitaba desde el primer momento de vida: un padre que lo amaba con locura.

Tras esos dos primeros meses duros, disfruté nuevamente de mi papel de padre de un niño y de mi papel de futuro padre, paternidad por duplicado que no se vive todos los días y que es un momento de crecimiento personal increíble.

La etapa fue preciosa y dura al mismo tiempo, sobre todo para mi mujer que estaba en casa con Samuel, tirada en el suelo y cogiéndolo en brazos, mientras David seguía creciendo en su interior.

UNA NUEVA PATERNIDAD

Incluso después de superar la culpa y poder perdonarme, muchas veces aparecía la pregunta interior que poca gente hace pública: "¿Podré querer al segundo como al primero?" Otra cuestión para debatir tranquilamente…

Cuando conoces a esa persona tan especial y deseas compartir todos los momentos de tu vida, piensas que no puedes amar a nadie tanto como a ella… hasta que llega el primer hijo y tomas consciencia de tus sentimientos.

A la llegada del segundo, yo me planteé si sería capaz de amar a mi segundo hijo tanto como amaba al primero, me surgían dudas a ese respecto y creo que aquí no encuentras respuesta hasta que tienes cerca su venida, hasta que lo ves y lo tienes en tus brazos.

Es increíble el amor que puede sentir un padre por sus hijos, indescriptible con palabras y tal vez incomprensible para muchos que no disfruten de la mater-paternidad… ¡Hay suficiente amor para querer a dos hijos por igual, no hay un límite concreto que parezca agotarse con uno, va en aumento según las necesidades y eso permite una paz interior para disfrutarlos!

A día de hoy, me sonrío cuando pienso en lo mal que lo pasé, en los sentimientos que tenía en los primeros momentos de mi segunda paternidad, y por ello quiero dejarlo reflejado en un escrito… todos tenemos derecho a sentirnos mal y culpables en algún momento, pero no tenemos derecho a instalarnos en esa posición mientras tenemos responsabilidades con las que cumplir e hijos a los que sonreír.

UNA NUEVA PATERNIDAD

Bollito de Canela

La llegada de nuestro hijo David marcó un principio en una nueva relación de familia, se presentía como un encuentro especial ya que tras mi dura etapa al conocer la noticia, ahora estaba feliz por la llegada de un nuevo bebé a casa.

Recuerdo la visita de su hermano mayor al Hospital: "¡Está tomando teta!!" soltó cuando lo vio por primera vez y se dedicó a otras cosas más interesantes como salir a explorar por el pasillo a la búsqueda de algún "preciado tesoro".

La segunda noche en el hospital permanecimos casi toda la noche despiertos vigilando el enganche de David a la teta, supongo que aún nos quedaban "miedos" por superar ante lo ocurrido con Samuel y pusimos todos los medios para conseguir establecer la lactancia de nuestro segundo hijo desde el primer día.

La llegada a casa con el bebé fue muy placentera, permanecí con mi familia durante seis semanas. Junté el (corto) permiso de paternidad con resto de vacaciones del año anterior y vacaciones del mismo año para compartir con mi familia esos momentos tan importantes.

En este periodo, estuve muy cerca de Samuel ya que mamá estaba pegada literalmente al pequeño David, se estaba creando la diada madre-bebé y esos momentos tienen que ser mágicos para ambos.

UNA NUEVA PATERNIDAD

Creo que el papel del padre en este período es fundamental: se une el puerperio de la madre a la llegada de un miembro nuevo a la familia y la presencia de un bebé-niño de dos años y 5 meses que también requiere presencia y atención.

En los casi 11 meses que tiene David actualmente, han prevalecido los momentos buenos a los malos, incluso podemos decir que no han aparecido constantes muestras de celos en todo este tiempo.

Los celos, esa palabra tan mediatizada y que tanto miedo nos da, forma parte de todas las personas, incluso de todos los que estáis leyendo estas palabras, en mayor o menor medida.

Un niño ante la llegada de su hermano tiene que sentir celos (el recurrente dicho "el príncipe destronado"), aunque bien todos nosotros hemos sido destronados alguna vez y desde muy pequeñitos... y no solamente es el nuevo hermano el que lo consigue. En más de una ocasión durante nuestras vidas se pueden ver muestras de decepción y celos ante las relaciones de pareja, ante la posibilidad de ascenso en el trabajo, incluso ante la posesión de unos artículos materiales (coche, casa u otro artículo material) por otra persona.

El adulto es capaz de canalizar esos celos con herramientas que la propia vida nos ha ido dando, nos hemos ido formando para conseguir llevar de la mejor manera posible nuestras decepciones o fracasos.

El niño aún no tiene las mismas vivencias que los adultos, no ha conseguido encontrar las herramientas que podemos tener los adultos frente a la propia vida... simplemente porque no la ha vivido.

UNA NUEVA PATERNIDAD

Un aditivo en la aparición de los celos pueden ser las comparaciones, los juicios y las etiquetas, eso tan común en la sociedad en la que vivimos, que se dice tan a la ligera y sin intención de dañar, pero que tan doloroso puede llegar a ser.

A ninguno nos gusta que nos comparen con alguien si es para salir perdiendo, aún siendo adultos no conseguimos aceptar de buen grado la comparación si el otro es "mejor".

Volviendo a nuestro caso, Samuel ha estado en algunos momentos reclamando la atención que no le hemos podido o sabido dar tras la llegada de David. En ocasiones se hace difícil responder a los dos niños de la mejor manera, sobre todo teniendo en cuenta la educación recibida con la mejor intención pero que ha sido basada en la autoridad y en otra clásica frase que la define: "Cuando seas padre comerás huevos".

Nuestro objetivo como familia es permitir a nuestros hijos SER, quererlos por lo que SON y disfrutar de su llegada, sin tenerlos como propiedad o intentar amoldarlos a nuestras costumbres o creencias… con todo lo difícil que pueda resultar el camino y las veces que caemos en comportamientos establecidos.

Los cariños y el amor que se muestran entre hermanos es precioso: David se ríe continuamente con todas las cosas que hace Samuel, su mirada brilla cuando ve a su hermano mayor, comienza a fijarse en todo lo que hace y comprendo que está siendo una fuente de aprendizaje para él.

El pequeño David es como un brillo de luz en nuestra familia, un nuevo aliciente por el que seguir aprendiendo a vivir con sus ojos, un nuevo estímulo para re-educarnos y re-evolucionar con ellos, cogidos de sus pequeñas manos.

UNA NUEVA PATERNIDAD

Lo que siento por mi "bollito de canela" es algo indescriptible, sí se puede amar al segundo, no se "termina" el amor en el primero como alguna vez llegué a pensar cuando llegué a temer no estar a la altura de las circunstancias.

A día de hoy, confío en mi capacidad para ser padre, sé que lo he llevado dentro desde siempre y estoy muy orgulloso de poder haber dado un paso adelante y salido del armario.

Muchos de nosotros tenemos miedo de afrontar el papel de padre aunque lo tengamos presente en nuestro corazón, preferimos integrarnos dentro del grupo social al que pertenecemos haciendo las mismas cosas que vemos aunque vayan en contra de nuestros principios, preferimos no enfrentarnos a los adultos a escuchar las necesidades de los niños.. Tal vez porque algunas veces supone un sacrificio muy importante y un planteamiento de vida total.

Somos animales de costumbres, nos cuesta mucho cambiar y romper barreras impuestas por la sociedad patriarcal en la que vivimos pero creo que ya ha llegado la hora de reclamar nuestro papel, de gritar ante el mundo que somos unos padres conscientes, que queremos y necesitamos disfrutar de nuestros hijos y poner así nuestro granito de arena.

Si estás leyendo estas líneas, eres un padre consciente, hay algo en tu interior que te hace plantearte muchas cuestiones que hasta ahora nunca habías hecho, incluso posiblemente algo se haya comenzado a romper en tu interior... escúchalo, ahí dentro está el niño que fuiste y aún vive en ti: ¡Ahí dentro estás tú!

Gracias David por haber venido al mundo y habernos elegido como padres.

UNA NUEVA PATERNIDAD

Te amo hijo.

UNA NUEVA PATERNIDAD

A mis madres

Querida mamá:

Siempre he tenido presente lo mucho que me has amado, lo he sentido muy dentro y siempre me ha acompañado aunque a veces estuviese demasiado dentro.

Gracias por todos los momentos que me has brindado, por tu sacrificio para intentar darme lo que consideraste mejor.

Estoy seguro que estas palabras te llegarán cuando te las lea aunque no pueda comprender tu opinión al respecto. Como muchas veces digo, tú sabes dos idiomas y yo solo comprendo uno, con lo cual, el problema de comunicación no lo tienes tú, lo tengo yo.

¡Qué duro está siendo este camino! Hace 6 meses que no puedo comprender lo que me quieres decir, puedo imaginarlo en tu mirada, y sé que sufres por no poder valerte por ti misma, por depender en todo momento de alguien, justo lo que tantas veces has repetido que no querías nunca.

Siempre has sido un sostén para la familia, proporcionabas momentos de calma, palabras amigas y cercanas estaban presentes en tu boca ante cualquier contratiempo, pocas veces te he visto perder los nervios aunque en muchas ocasiones te he dado suficientes motivos para hacerlo…

UNA NUEVA PATERNIDAD

Solo quiero decirte que te quiero, que te amo, sé que siempre lo has sabido aunque no te lo haya dicho tantas veces como mereces.

El dolor y la tristeza se han convertido en rabia, intento canalizarla lo mejor posible pero sigo sin entender el motivo… ¿por qué te ha pasado a ti? Justo ahora, con dos nietos que tanto has deseado, con un marido que te quiere y con un hijo que te necesita…

Aunque me he hecho a la idea, estoy empezando a convivir con ello, comienzo a sobrellevarlo, y aunque lo he llorado, creo que me falta llorarlo más para poder sanarlo, para poder eliminar la rabia y sentir paz, aprender de esta nueva experiencia que me ofreces.

Miedo fue la primera palabra que escribí tras lo sucedido y la primera imagen que me vino a la mente nuestras manos juntas. Ahí estaba mi niño interior, necesitado de la seguridad que le ofrecía la mano de su madre ante el miedo a lo desconocido.

Son muchos los días en los que me gustaría llamarte por teléfono, escuchar tu voz y mantener una conversación de madre a hijo, contarte cómo me va la vida, cómo están Alba y los niños, decirte cómo están creciendo: "Samuel tiene unas salidas muy graciosas y el pequeño David comienza a desplazarse con cualquier apoyo. Mamá, se están haciendo mayores."

Al ser padre me he dado cuenta que no comparto toda la crianza y educación recibida, me hubiese gustado cambiar algunas cosas, aunque soy consciente que lo habéis hecho lo mejor que habéis sabido, lo habéis hecho con el corazón y situados desde el amor a vuestro hijo, y os estoy eternamente agradecido.

Seguro que mis hijos también piensan algo parecido cuando sean mayores, solo espero que comprendan que las intenciones son las mejores.

Disculpa las rabietas y enfados que he tenido de pequeño y sobre todo las que he tenido de adulto.

Disculpa las veces que he discutido con papá, ya sé que a ti no te gustaba vernos discutir pero también es verdad que eso me ha servido para aprender.

Disculpa todo lo que has sufrido en mi difícil y rebelde adolescencia, los dos sabemos lo duro que fue para ti.

Gracias por los besos que me has dado, por rascarme la espalda antes de dormir, por darme la mano durante la noche, por los abrazos reconfortantes. Gracias por estar cerca de mí, por acompañarme en estos momentos tan difíciles para mí.

Gracias MAMÁ, te echo de menos y te llevo conmigo.

Querida madre de mis hijos:

Es un placer haber compartido casi trece años de vida contigo. Hemos tenido muchos vaivenes en este tiempo de convivencia: momentos muy duros y momentos mágicos.

Los momentos que nos están tocando vivir son especialmente intensos: estamos inmersos en la crianza consciente de nuestros hijos, has sacrificado todo por ellos además de embarcarte en un proyecto personal apasionante.

UNA NUEVA PATERNIDAD

Quiero decirte que confío plenamente en ti, eres completamente capaz de conseguir lo que te propongas. Algunas veces no soy capaz de transmitirlo, eso es algo que a veces te puede hacer sentir mal pero solo espero que me disculpes, forma parte de mis limitaciones.

Me encanta vivir aventuras cada día con lo que pasa por tu cabecita, muchas son las ideas que te hierven dentro y que necesitas sacar… alguna vez daremos con la tecla, solo hay que confiar y pedirlo con alma al Universo.

Siento mis rabietas de adulto, esas que has tenido que sufrir en muchos casos. Espero poder contenerme y aprender de mis errores.

Gracias por ser el sostén familiar en estos momentos tan duros para mí, gracias por tener sonrisas a las que aferrarme y una mano a la que coger cuando me siento perdido.

Me gusta abrazarte más de 6 segundos, me gusta mirarte cuando me despierto, me gustan las aventuras que nos quedan por recorrer

Ojos de choco, eres la mujer de mi vida y cada día me enamoro de ti.

Te amo Alba.

Ramón Soler

Reconocimiento a las madres

En todo libro dedicado a la paternidad, y éste lo es, jamás debemos dejar de mencionar un hecho fundamental: la paternidad se sustenta en la maternidad. Nosotros no seríamos padres de no ser por nuestras parejas.

Ellas son las que gestan y paren a los bebés, así ha sido y, por siempre, así será. De modo que la paternidad está estrechamente ligada a la maternidad.

No podríamos empezar estos capítulos sin reconocer la labor importantísima de las madres en nuestro proceso de convertirnos en padres.

Quisiera que estas palabras fueran un reconocimiento a todas nuestras parejas y, en especial, a mi compañera de vida, Elena.

UNA NUEVA PATERNIDAD

La importante labor de la mujer en la vida de todo hombre no sólo comienza cuando tenemos a nuestro bebé en brazos. Mucho antes de devenir padres, la relación con nuestras parejas supone una constante evolución personal. Ellas son un espejo nuevo en el que mirarnos que nos devuelve, con toda seguridad, una imagen bien distinta a la que nos habían hecho ver con anterioridad. Quizás, algunas cosas de las que observemos en ese reflejo nos resulten duras de ver o de asumir, pero ellas también nos ofrecen el bálsamo para aliviar el daño que suponen los cambios y las transformaciones. Si nos liberamos de añejas ataduras y nos dejamos fluir, nuestra pareja puede ser nuestra guía en un asombroso camino de autocrecimiento. Ella nos ayudará a cuestionarnos muchos de los esquemas que asumimos como ciertos en la infancia, cuando el único marco de referencia con el que contábamos era el de nuestra familia. Una familia, como todas, inmersa en sus luces y sus sombras.

Como podemos suponer, en una relación de pareja sana y equilibrada, este proceso de evolución personal se da en ambas direcciones. Nosotros aprendemos con ellas y ellas aprenden con nosotros. Hombre y mujer, madre y padre, nos trasformamos y complementamos por el bien individual de cada uno, pero también, de la pareja y, sobre todo, de nuestros hijos.

Aunque este libro está dedicado y enfocado a los padres, considero injusto no mencionar este importante papel de la madre en la paternidad. Deseo que estas palabras sirvan de agradecimiento a todas las mujeres, a todas las madres de la humanidad; sin ellas, este libro que tienes en tus manos no hubiera sido posible.

UNA NUEVA PATERNIDAD

El papel del padre en la crianza del s.XXI

A lo largo de los últimos años, me he percatado de la multitud de dificultades con las que nos topamos los padres de nuestra sociedad.

Como primer gran escollo, nos encontramos con la imposibilidad, para muchos hombres, de poder superar y no repetir el trato restrictivo y, en muchos casos, violento que recibieron de sus progenitores. Desmontar los patrones de comportamiento asimilados en la infancia es una tarea tan difícil que, por muy buenas intenciones que tengan, un buen número de padres, acaban infligiéndoles a sus propios hijos el mismo trato, coercitivo y violento, que ellos mismos sufrieron en sus infancias.

Resulta curioso, pero existe otro grupo de padres que, por haber recibido, también, una educación muy represiva, deciden dar el salto al extremo opuesto y renegar de cualquier tipo de norma para sus niños. El problema en este caso es que sus hijos, aún no sufriendo castigos físicos, ni presiones directas, crecen sin un modelo emocional coherente sobre los límites básicos del respeto hacia los demás y hacia ellos mismos. Estos niños, al criarse sin un punto de referencia claro y equilibrado, no superan sus fases de desarrollo como debieran, por lo que, además de arrastrar carencias emocionales en su edad adulta, se quedan anclados en la etapa del ego infantil convirtiéndose en personas inflexibles y volubles.

Ambos casos mencionados son extremos, pero muestran un nexo común, el deseo que existe, hoy en día, entre muchos padres, de participar en la crianza de sus hijos. Con frecuencia, en las charlas que doy o en mi consulta, son muchos los padres que me plantean sus dudas sobre la lactancia, el biberón, el colecho, el porteo, etc. Su interés es grande y denota que su aspiración es la de facilitarles el mayor bienestar posible a su mujer y a su bebé.

De hecho, a veces, es tanto el celo que ponen algunos padres en dedicarse a su bebé que, pecando por exceso, acaban cometiendo el error de inmiscuirse demasiado en un rol que es exclusivamente femenino, el de la maternidad. En estos casos, los padres pretenden ser los protagonistas del embarazo y el parto, quieren compartir el baño del bebé, pero también la lactancia y buscan equipararse o suplir a la mujer en unos meses (o años) en los que la presencia de la madre es indispensable para el buen desarrollo físico y emocional de su hijo.

En este inicio del siglo XXI, es imprescindible un cambio de paradigma en la crianza de los niños. Durante milenios la humanidad ha comprobado cómo la violencia, el patriarcado y la competitividad han tenido como único objetivo el someter a las personas extendiendo dolor y sufrimiento por doquier. Para que la sociedad realmente cambie y se transforme, resulta ineludible definir y delimitar el papel del nuevo padre.

Padres confusos

En apenas dos generaciones, nuestra sociedad ha vivido grandes cambios.

Gracias a la liberación femenina de los años ´60, la mujer ha ido ocupando lugares que antes eran exclusivamente privilegio de los hombres.

Asimismo, tras largos años de lucha, las mujeres han podido acceder al mercado laboral y conseguir derechos que les pertenecían, pero que antes les estaban vetados, como libertad sexual, independencia económica, divorcio, aborto, etc. Aunque es cierto que aún sigue existiendo mucha discriminación y que queda un largo trecho por recorrer, en la actualidad, la igualdad es una realidad más palpable que hace unas décadas.

Ante estos cambios, el hombre moderno intenta reubicarse y buscar su nuevo espacio, pero resulta muy complejo y, con frecuencia, se encuentra perdido.

Hace unos años se puso de moda lo metrosexual y los hombres teníamos que depilarnos, usar cremas de día y de noche, enseñar los calzoncillos y conjuntar adecuadamente nuestra ropa con los complementos. Ahora, resulta que el Beckham metrosexual ha pasado de moda y se lleva lo übersexual, un hombre con confianza en sí mismo, pero sin llegar al narcisismo; masculino, pero no machista; sin depilar, pero alejado del "hombre/oso".... en fin, un concepto indefinido que, más que aclarar, nos deja aún más confusos. Por otra parte, nos dicen que el prototipo übersexual está representado por George Clooney, como si esto fuera a ayudarnos, cuando en realidad, esto nos desorienta aún más, si cabe. ¿Qué tenemos que hacer, entonces? ¿ponernos bata blanca y pasar consulta en Urgencias? o, tal vez, ¿reunir un grupo de once amigos para organizar un atraco?, también podemos probar anunciando máquinas automáticas de café junto a John Malkovic. Como veis, un verdadero caos.

En relación a la paternidad/maternidad, esta igualdad social del hombre y la mujer en cuanto a derechos y libertades, también provoca confusión.

Muchos padres y, también, muchas madres trasladan esa igualdad al mundo del bebé y, con ello, provocan situaciones tan absurdas como que la madre deje la lactancia materna y opte por dar biberón de leche artificial para que el padre "pueda compartir la lactancia y alimentar al bebé". Este es un claro ejemplo de la confusión de roles y de por qué se hace necesario aclarar el papel del hombre en la crianza.

En el fondo, todas las confusiones y las luchas de muchos padres por adoptar papeles que no les corresponden, no responden más que una cuestión de egos heridos. Un hombre emocionalmente sano y equilibrado, podrá reconocer que, en los primeros años del bebé, la principal tarea de cuidado, atención y alimentación le corresponde física y emocionalmente a la madre. Sin embargo, un hombre inmaduro, cuyas necesidades emocionales no fueron cubiertas en su infancia, sentirá que el bebé le resta protagonismo, no podrá soportar quedarse en un segundo plano y reaccionará de diversas formas para tratar de llamar la atención.

El nuevo rol del padre

El nuevo padre debe estar informado de todo lo que conocemos hoy en día sobre el apego y las necesidades del recién nacido. Resulta de vital importancia que entienda que el bebé aún no sabe distinguir entre sí mismo y su madre; una relación de unicidad durante sus primeros años de vida que le aportará al niño una base sólida sobre la que desarrollar una personalidad sana. No hay lugar para celos cuando se comprende la importancia de esa relación del bebé con su madre.

El vínculo simbiótico del bebé con su madre no significa que el padre no pueda establecer contacto emocional con su hijo. De hecho, desde el embarazo, a través de masajes y de la voz, el bebé puede percibir la presencia del padre y notar sus emociones y su cariño.

Más de una vez, en consulta, cuando las personas reviven su estancia en el útero materno, he podido comprobar cómo los bebés son conscientes de lo que está sintiendo su madre y cómo, al mismo tiempo, también advierten el estado emocional del padre. Los bebés saben cuándo su padre está contento y cuándo no, captan si les desea o si les ve como un estorbo e, incluso, pueden distinguir si el que se les presenta como padre es su padre biológico o no lo es.

El padre actual no tiene porqué suplir el papel de la madre para vincularse con su niño. Si se acerca con amor y respeto a la díada madre/bebé, podrá compartir y disfrutar momentos emocionales muy intensos y construir un sólido nexo con su pareja y su hijo.

Más adelante, a partir de los dos años, llegará el momento en el que el padre pueda tomar un papel más activo en la crianza. Cuando el pequeño necesite salir al mundo y conocerlo, el padre será el que le lleve de la mano. La madre tendrá, entonces, que conseguir desapegarse lo suficiente del que fue su bebé para permitirle crecer y no crearle ataduras emocionales.

Basándome en mi práctica como psicólogo especializado en la infancia y en mi propia experiencia como padre, pienso que podemos hablar de cuatro aspectos básicos que definen el papel del nuevo padre en este inicio del siglo XXI:

- <u>Apoyo y Acompañamiento</u>. Tener un bebé es cosa de dos. Desde el embarazo (o incluso antes), el padre debe acompañar a la madre en todo el proceso.

- <u>Respeto y Apoyo a las decisiones de la madre</u>.

- <u>Defensa/protección</u>. Procurar un entorno protegido en el que la madre no tenga que preocuparse o estar luchando contra agresiones externas (profesionales, familia, etc.) y pueda vivir el embarazo, el parto y el puerperio con pleno recogimiento.

- <u>Sentido del humor</u>. Una clave importante del nuevo padre es la apertura de espíritu y el sentido del humor.

El mecánico de Fernando Alonso

Cuando tengo que dirigirme a un grupo de padres para explicarles esta nueva visión de la paternidad, intento hablar desde una mentalidad masculina para tratar de hacerles entender que, aunque la madre sea la figura fundamental para el bebé, el rol del padre es, también, primordial y necesario para sostener la díada madre/bebé. Como una imagen vale más que mil palabras, un ejemplo muy gráfico al que recurro es el yo llamo "el mecánico de Fernando Alonso".

UNA NUEVA PATERNIDAD

Todos sabemos que el piloto de Fórmula 1 es el que gana las carreras, aparece en las fotos y se lleva la fama, sin embargo, no podría conseguir todo esto si no fuera por la importantísima labor de sus mecánicos.

Cuando corre, el piloto necesita estar concentrado al máximo en la conducción, por lo que debe confiar plenamente en el quehacer de sus mecánicos para que el coche funcione a su máximo nivel. Tal es la valía de los mecánicos en estas carreras, que no resulta extraño que el resultado de muchas de ellas se decida en los boxes.

Un buen mecánico, consciente de su papel y totalmente entregado, puede ser la clave para ganar o para fracasar. Fernando Alonso sabe que él no sería nada sin sus mecánicos y, por ello, siempre reconoce la labor fundamental de su equipo realizando sus declaraciones en plural ("hemos tenido un buen fin de semana" ó "hemos ganado la carrera").

En la crianza, el rol del padre es como el de un mecánico de carreras, igual de imprescindible para proporcionar un sustento emocional a la díada madre/bebé. De todas las familias que he conocido, los hijos más equilibrados y más sanos estaban siempre en aquellas en las que el padre, implicado totalmente en el cuidado de los hijos, acompañaba y servía de apoyo emocional a la madre.

De igual manera que el piloto no puede perder energía ni recursos en preocuparse por la presión de los neumáticos o por el nivel de combustible, en los primeros meses de vida del bebé, una madre no tiene que estar pensando en ir al banco a pagar un recibo, en si hay que comprar servilletas o en el fastidio de tener que soportar las críticas de la suegra. El padre es el que debe ir por delante, allanando el camino y proporcionando un entorno propicio para que la madre solo tenga que encargarse del cuidado de su bebé.

A pesar de no ser el protagonista y no salir en los medios de comunicación, tengo la certeza de que el mecánico de nuestro ejemplo, tras cada victoria de Alonso, se va a la cama con una gran sonrisa de satisfacción, sabiendo que ha sido partícipe de algo grande y que sin su trabajo, ese triunfo no hubiera sido posible. Igual de orgullosos debemos sentirnos los padres cuando vemos crecer a nuestros hijos sanos, felices y seguros de sí mismos.

Padre y madre unidos

En una sociedad con núcleos familiares cada vez más reducidos y con escasa urdimbre en la que apoyarse, ambos miembros de la pareja deben ponerse de acuerdo y seguir una línea uniforme en la crianza. El padre debe asumir su papel, sustentar a la madre y participar en todas las tareas.

Para terminar este capítulo, me gustaría reformular la manida y machista expresión "detrás de un gran hombre, hay una gran mujer" por otra más moderna y adaptada a nuestros días: **"detrás de una gran madre, hay un gran padre"**. Esta debe ser la filosofía del nuevo padre del s.XXI, menos autoritaria y menos protagonista que la de padres de otras generaciones, pero absolutamente imprescindible para un desarrollo sano y equilibrado de los hijos.

UNA NUEVA PATERNIDAD

El padre en las distintas etapas de la crianza. Ejemplos positivos y negativos

Con el objetivo de aclarar el papel del nuevo padre del s.XXI, me he propuesto hacer un recorrido por las distintas etapas de la crianza, aportando un ejemplo positivo de cómo podemos vivir la paternidad de forma adecuada y otro negativo que muestre cómo, si no respetamos como padres las necesidades, tanto físicas como emocionales de nuestros hijos, interferimos perjudicialmente en su proceso natural de desarrollo.

Preconcepción

Aunque esté generalizada la idea de que nos convertimos en padres tras el nacimiento de nuestro bebé, éste es un concepto erróneo. Los nueve meses del embarazo son parte de la vida de nuestros hijos, por lo que realmente, devenimos padres desde el preciso instante en el que nuestro bebé es concebid@. De hecho, si queremos desempeñar una paternidad responsable e implicada, nos puede resultar de gran utilidad comenzar a prepararnos para ello, antes, incluso, del embarazo. Veamos algunos sencillos consejos que los padres podemos poner en práctica:

SI: Meditación y preparación para una concepción consciente.

Nuestro estado físico depende de nuestro equilibrio mental y emocional. Si preparamos nuestra mente para una concepción consciente, el resultado puede ser sorprendente.

Basándome en una conocida serie de dibujos sobre el cuerpo humano, ideé esta sencilla meditación que recomiendo a todo aquel que se esté preparando para ser padre. No es necesario dedicar mucho tiempo, tan solo unos minutos por la noche, antes de dormir.

Escuela de mini-yoes.

Tras una sencilla relajación, podemos imaginar una gran clase semicircular, donde el profesor, un espermatozoide veterano les explica a los jóvenes cadetes su importantísima misión: la concepción. Podemos completar la imagen con una gran pantalla donde aparece el óvulo con la cara de la futura madre. A continuación, los jóvenes graduados se colocan su traje espacial y su casco, y se embarcan, muy decididos y seguros, en un gran cohete en espera del próximo lanzamiento. Cada padre debe elegir un nombre para su escuela (Mini Tonis, Mini Juanes, Mini Pacos, etc.) y ponerse a trabajar en ella.

NO: Vida estresada.

Hoy en día, muchas parejas tienen dificultades para concebir y acuden a centros médicos especializados en busca de ayuda. Aunque muchos problemas de fertilidad tienen como base algún trastorno físico, el componente psicológico juega un papel primordial en la concepción. Nuestro ajetreado ritmo de vida y el estrés que acumulamos ocasionan que muchas parejas no puedan quedarse embarazadas. De hecho, Laura Gutman escribió hace tiempo, muy acertadamente, que si una pareja (sin problemas físicos para concebir) usara el dinero que gasta en las clínicas de fertilidad para tomarse unas vacaciones de 6 meses en el Caribe, la mujer volvería embarazada con toda seguridad.

Embarazo

Los nueve meses que pasamos en el útero materno son clave para nuestro desarrollo físico y neurológico. Durante este tiempo, el padre debe propiciar el ambiente de tranquilidad y sosiego que la madre precisa para vivir un embarazo exento de preocupaciones.

SI: Vinculación con el bebé y cuidado de la madre: masajes, tareas de casa, etc.

Ya desde la etapa uterina de su bebé, el papá puede comenzar a construir un vínculo sólido con su hij@. Desde su hogar amniótico, el bebé puede sentir a su padre a través del tacto y, más adelante, del oído. Podemos potenciar ese contacto con nuestros hij@s través de pequeños toques suaves, juegos, masajes, cuentos, canciones, etc.

Un masaje diario puede unir mucho más a la pareja en la apasionante aventura de ser padres. Además, físicamente el masaje le ayudará a tu mujer a aliviar las molestias y tensiones acumuladas en su cuerpo (piernas, espalda, cuello...) y emocionalmente, los tres sentiréis los beneficios que genera el contacto tierno y amoroso de las caricias. Resulta emocionante, cuando masajeamos la barriga de nuestra pareja, sentir cómo se establece un diálogo con nuestro bebé a través del tacto. Podemos poner nuestras manos en un lado y apreciaremos cómo el bebé da golpecitos en esa zona; si cambiamos las manos de posición, el bebé se desplazará para llegar, de nuevo, a nuestras manos. Llegará el momento, incluso, que veas cómo es el bebé es el que inicia el juego y cómo, en cuanto detecta tu presencia, te llama para jugar con él.

Otra forma de fomentar el vínculo con nuestros hijos es a través de nuestra voz, de su sonido. Se sabe que los bebés son capaces de reconocer la voz de su madre nada más nacer; la han escuchado durante el embarazo y están acostumbrados a ella. También es conocido el hecho de que pueden oírnos a nosotros, los padres. Si nos acostumbramos a hablarles, contarles cuentos, cantarles canciones o, simplemente, narrarles todo lo que nos ha sucedido durante el día, nuestro hijo podrá escucharnos y acostumbrarse a nuestra voz. Aunque de pequeños, los bebés necesiten sobre todo a su madre y el vínculo con ella sea fundamental para su supervivencia, también es importante que sientan el cariño y la compañía del padre.

A modo de consejo, para que el bebé escuche mejor la voz del padre, podemos colocar las manos en las caderas de mamá (desde detrás), de manera que los huesos hagan de caja de resonancia que amplifique el sonido de la voz de papá.

NO: Mantenerse al margen.

Todos conocemos algún caso de madres que cuentan cómo sus parejas, durante el embarazo, siguieron haciendo su vida como si nada pasara: quedaban con sus amigos después de trabajar, se iban a jugar sus partidos de fútbol mientras la madre iba a la ecografía o dejaban que fuera ella la que leyera y se informara sobre la maternidad, como si la cosa no fuera con ellos.

Es imprescindible que el padre acompañe a la madre en todo el proceso del embarazo, en la búsqueda de información y en la toma de decisiones. En esta época de familias reducidas casi a la pareja, ambos progenitores deben estar implicados en la crianza de los hijos. De no ser así, se corre el riesgo de abrir una brecha en la relación que, pasado el tiempo y ahondado el problema, será muy difícil de restituir.

Parto

En el parto, aunque los únicos protagonistas son la madre y el bebé, nosotros, los padres, cumplimos también una misión fundamental para garantizar el buen desarrollo del proceso. Nosotros somos los cuidadores y protectores de nuestra pareja y de nuestros hijos. Tenemos la responsabilidad de velar por sus intereses y, llegado el caso, debemos defenderles de intervenciones injustificadas.

Para poder ejercer, eficazmente, nuestra labor protectora, debemos ser conscientes de que nuestra pareja, para parir en plenas facultades, debe estar sumida en un estado especial de conciencia. Este estado necesita de un nivel muy profundo de calma y concentración, por lo que ruidos fuertes, luces chillonas, preocupaciones, preguntas directas, intervenciones, o incluso el frío, pueden suponer una grave traba en un parto. El padre puede acompañar a la madre en la elaboración de su plan de parto para conocer qué es lo que desea (si quiere epidural o no) y qué intervenciones quiere evitar (episiotomía, rasurado, etc.). En el momento del parto, la madre debe mantener al mínimo su parte racional y el padre debe ser el que se encargue de proteger a la madre y al bebé de las agresiones externas que puedan perturbarla.

SÍ: Encargarse de la parte "racional". Protección.

Si se trata de un parto hospitalario, el padre debe hacer todas las gestiones de admisión para permitirle a la madre seguir concentrada en sus contracciones y que no le alteren comentarios o actitudes de algunos profesionales. No es el momento para que la madre tenga que estar respondiendo a preguntas como si se ha tomado una sopa o si ésta tenía fideos o no. El padre debe encargarse de las cuestiones prácticas para que éstas no distraigan a la madre. Además, debe estar atento para hacer cumplir, siempre que no haya una causa realmente justificada, el plan de parto y los deseos de la madre.

Unos amigos muy cercanos me contaron que, en el nacimiento de una de sus hijas, ya en plena fase del expulsivo, se acercó la ginecóloga y se asombró al ver que nadie le había hecho la episiotomía (corte rutinario realizado en la vagina, la mayoría de las veces, innecesario). Cuando se disponía a cortar a su mujer, aludiendo que ya que estaba allí, algo tenía que hacer, el padre se interpuso entre la ginecóloga y su mujer, y le explicó amable, pero con firmeza, que su pareja no quería episiotomía. Aunque protestó, como no existía ninguna justificación médica para hacerla, no la realizó. Nuestro amigo, con su acción protectora, libró a su mujer de meses de dolor, incomodidad física y frustración.

NO: Permitir abusos de profesionales o familiares. No llames a la suegra.

El papel de protección del padre puede ser determinante para que el proceso natural del parto discurra sin problemas. Por este motivo resulta de vital importancia que el padre acompañe a la mujer en la búsqueda de información durante el embarazo y la apoye en las opciones que ella decida para su parto.

En un parto en casa, atendido por matronas, la dilatación y el expulsivo transcurrieron perfectamente. La madre ya estaba con su bebé y las matronas esperaban, sin tensión, el alumbramiento de la placenta. Entretanto, el padre tuvo la infeliz idea de llamar a su madre (que vivía a escasos 100 metros de ellos) para que conociera a su nieto. Como suele ser habitual, la relación entre la madre del bebé y su suegra era bastante tirante y, cuando ésta llegó, el ambiente se oscureció. La abuela, a pesar de la protesta de las matronas, cogió al bebé y el proceso de alumbramiento de la placenta se interrumpió. En un parto natural, el contacto de la madre con su bebé y la succión del pecho provocan la oxitocina que el cuerpo necesita para expulsar la placenta. En este caso, ese proceso se paró por la llegada de la suegra.

La abuela era una mujer con una tendencia exagerada a llamar la atención en cualquier ocasión. En esos momentos, embargada por la emoción, empezó a sentirse mal y se desmayó oportunamente sobre el sofá, con el bebé en brazos. Las matronas, preocupadas por la placenta, decidieron llamar a una ambulancia para trasladar a la recién parida al hospital, pero fue la abuela la que la ocupó y hubo que llamar una segunda ambulancia para la madre.

Este es un claro ejemplo de cómo el padre puede facilitar o entorpecer el proceso del parto. Yo recomiendo esperar un mínimo de 24 horas antes de llamar a cualquier familiar. Durante ese tiempo, el bebé no tiene ningún otro compromiso social que el de estar en contacto permanente con su madre.

Lactancia y puerperio

SÍ: Crear ambiente tranquilo y ayudar en casa para que la madre pueda dedicarse exclusivamente al bebé.

La madre necesita un nido tranquilo para poder pasar junto a su bebé sus primeros días de vida. Una casa llena de familiares que se pasan el bebé de mano en mano como si fuera un balón de rugby no es lo más apropiado para mantener el clima de tranquilidad que ambos necesitan.

Además, los primeros días tras el nacimiento, de un bebé son muy complicados. Tenemos que ajustar los ritmos de la familia, aprender a reconocer las necesidades de nuestros hijos y comprender que nuestra pareja, en pleno puerperio, se halla inmersa en un continuo vaivén emocional.

El mayor servicio que podemos prestarles en estos momentos a la nueva Mamá y a su bebé, nuestra familia, es el de evitarles cualquier situación estresante. Comprendo que familiares y amigos deseen conocer a vuestro bebé, pero no tienen que hacerlo en su primera hora de vida. Deja que pasen unos días, hasta que tu pareja se encuentre recuperada antes de invitar a nadie a casa. Que decida ella el momento propicio para recibir visitas. Sírvele de barrera frente a las presiones y tensiones que le puedan llegar del exterior.

Por otro lado, el padre también puede dedicarle más tiempo a realizar las tareas domésticas que antes compartía con la madre. Cosas como hacer la comida, poner lavadoras, fregar los platos o hacer la compra, ayudarán a reducir las preocupaciones de su pareja para que ésta pueda estar centrada mucho más en las necesidades del bebé.

NO: Biberón para "compartir la lactancia".

Una de las excusas que, más de una vez, he escuchado para abandonar la lactancia materna y optar por el biberón de leche artificial es que, de ese modo, el padre también puede disfrutar y compartir la lactancia. Cambiar el pecho de la madre por el biberón de leche artificial, cuando no hay ningún motivo médico para ello, me parece una absoluta barbaridad. Por un capricho, no debemos privar a nuestros hijos de todos los beneficios físicos y emocionales de la lactancia materna. Jamás una leche de fórmula podrá igualar lo que supone para un bebé el poder tomar justo el alimento que su cuerpo y su mente necesitan. Un alimento que él mismo regula y obtiene del cuerpo de su madre, sintiendo su mirada, sus caricias, su calor, su olor a confort, apego, seguridad e infinito Amor.

El hombre puede hacer muchísimas cosas para favorecer el vínculo con su hijo. Interferir en un proceso, la alimentación, que pertenece exclusivamente a la madre, no es una de ellas.

Crianza (a partir de los 2/3 años)

Alrededor de los 2 años, nuestro hij@ va ganando autonomía, su cuerpo se estira, pierde sus redondeces y pasa a ser más niño que bebé. En esa época, la relación madre/bebé se transforma, y el estado simbiótico primario comienza a disolverse. Aparece el concepto de "yo" y el niño empieza a darse cuenta de que es un ser separado de su madre. Este periodo de reequilibrio, del yo, puede llegar a ser una época conflictiva, la de las temidas rabietas (que no son más que el ejercicio del niño de su derecho a ser persona y a pensar por sí mismo).

En esta época, es importante que los padres puedan ponerse en el lugar del niño y entender lo que le está sucediendo. Los niños tienen sus motivos y, muchas veces, se frustran al no sentirse escuchados. No debemos entender las rabietas de los niños como un ataque personal, sino como una búsqueda de equilibrio entre sus necesidades y las necesidades de los demás.

Obviamente, no siempre será posible que obtenga lo que desee en cada momento, pero tampoco debemos causarle una frustración innecesaria por nuestra escasa flexibilidad.

La paternidad es una estupenda oportunidad para madurar como personas y liberarnos de las ideas preconcebidas que asumimos como normales en nuestra infancia. El crecimiento de nuestros hijos debe ir acompañado, a su vez, de nuestro crecimiento personal. Nosotros nos beneficiaremos y ellos también. En capítulos posteriores veremos cómo podemos aprovechar la paternidad para evolucionar como personas y ser cada vez más libres.

UNA NUEVA PATERNIDAD

Cuando una pareja se rompe al tener un bebé

Se suele pensar que la experiencia de ser padres transforma y une de una manera especial a la pareja. Sin embargo, aunque esto debiera ser lo óptimo, no siempre es así y, en muchas ocasiones, sucede todo lo contrario. Seguro que todos conocemos casos de parejas que se rompen con la llegada de un bebé o, incluso, en el embarazo. Por desgracia, esto es algo bastante más frecuente de lo que podríamos pensar inicialmente.

A primera vista, se puede conjeturar que las tensiones que origina el bebé van dinamitando la integridad de la pareja y, al final, provocan la tan temida ruptura. Sin embargo, si nos preocupamos por ahondar un poco en cada pareja que se rompe al poco tiempo de tener un bebé, descubriremos que las causas del fracaso son mucho más profundas. Veremos a continuación cómo el bebé no provoca ni rompe nada; lo único que hace es poner encima de la mesa conflictos que ya estaban presentes anteriormente, pero que ningún miembro de la pareja se atrevía a afrontar.

La pareja antes de tener un bebé

Cuando formamos una pareja, lo ideal sería encontrar a la persona que nos enriquezca y con la que podamos atravesar la vida en un continuo aprendizaje mutuo. Este grado de compenetración se da cuando ambos miembros de la pareja son maduros y han realizado un proceso de limpieza de sus carencias emocionales. Desgraciadamente, pocas veces esto es así y lo que suele suceder es que cada uno cargamos con una mochila de lastres y deficiencias que arrastramos desde la infancia. Si esa mochila no ha sido revisada y limpiada, en lugar de sentirnos atraídos de manera sana y equilibrada por alguien, lo que hacemos es buscar a la persona que cubra las carencias emocionales de la infancia. De esta manera, cada miembro de la pareja cubre los vacíos existenciales del otro; ambos aparentan ser felices y estar bien, pero si profundizamos un poco veremos que, bajo la superficie, nada es lo que parece.

Quien, por ejemplo, ha vivido sometido por unos padres autoritarios, se sentirá atraído por alguien que represente esa misma autoridad; quien ha crecido acostumbrado a dominar y a usar la violencia física o psicológica para controlar a los demás, se "enamorará" de una persona sumisa a la que pueda someter. Tal y como decía el clásico de Eurythmics, Sweet Dreams: "Everybody´s looking for something. Some of them want to use you, some of them want to get used by you. Some of them want to abuse you, some of them want to be abused" (Todo el mundo busca algo. Algunos quieren usarte, otros quieren que tú les uses. Algunos quieren abusar de ti, otros quieren ser abusados).

Con toda seguridad, si analizamos la historia de cada una de esas parejas rotas cuando tienen un hijo, encontraremos discusiones, diferencias y crisis cerradas en falso. Una situación muy habitual hoy en día en muchas parejas es la falta de tiempo de convivencia real. No me refiero al tiempo global de relación, sino al tiempo que realmente pasan juntos en el día a día. Incluso si ya llevan varios años viviendo juntos, es habitual que los dos trabajen y, realmente, pasan poco tiempo juntos. Las diferencias que surgen se mitigan mientras están separados y cuando coinciden por la tarde o por la noche no lo dedican a discutir o a aclarar los problemas, sino a actividades más placenteras y satisfactorias. Muchas personas se vuelcan en sus vidas laborales para no pasar tiempo en casa con sus parejas, pero en las vacaciones, cuando no hay trabajo y pasan más tiempo juntos, es habitual que surjan los problemas y las discusiones.

En estos casos, la llegada del bebé les obliga a pasar más tiempo juntos y, quieran o no quieran, se verán obligados a afrontar las situaciones conflictivas que antes, simplemente, dejaban que se enfriaran solas.

Tener un hijo es una experiencia estupenda, pero la llegada de un bebé también conlleva perder horas de sueño, con lo que acumulamos más cansancio de lo habitual lo que, a su vez, hará que los nervios estén a flor de piel. Esto hace que la pareja esté más tensa y que los conflictos hagan su aparición ante la mínima diferencia de opinión. Por otro lado, el bebé percibe toda esta tensión subyacente y lo expresará de la única manera que puede, mediante el llanto. El pequeño estará más irritable, descansará menos, se quejará mucho más y esto aumentará el nivel de tensión. Entramos, entonces, un círculo vicioso del que es muy difícil salir.

La madre no puede encargarse de "dos bebés".

Si no se ha hecho un trabajo de introspección para limpiar la mochila de los lastres emocionales que comentaba anteriormente, tanto madres como padres, seguiremos muy afectados por nuestra parte de niño/a que no obtuvo el cariño y la atención que necesitaba en la infancia. Mientras la pareja está sola, sin bebé, no hay problemas porque nuestro "niño herido" (que continúa necesitando y reclamando atención) está satisfecho en la exclusiva relación con la otra persona.

Un problema que aparece con bastante más frecuencia de lo que podríamos imaginar se da, en los padres, cuando el bebé reclama toda la atención de la madre y ellos sienten el mismo abandono emocional que sintieron cuando eran pequeños. Si, siendo adultos, no han podido trabajar su historia para ayudar a su "niño" a cubrir ese tremendo vacío que sintió en su infancia, el padre reclamará la misma atención que tenía antes de la llegada del bebé. Como consecuencia, su comportamiento puede infantilizarse. De hecho, muchos padres han llegado a confesar que han sentido celos de sus bebés.

Por otro lado, la madre tiene al bebé que le reclama toda su atención y es entonces cuando surge el conflicto. Ella no puede hacerse cargo, a la vez, de su bebé y de la parte infantil no trabajada de su pareja. Además, si la madre no cuenta con el apoyo de su pareja, también se sentirá sola y desamparada ante la gran responsabilidad del cuidado de su bebé. Esta situación hará que la tensión vaya en aumento, pudiendo provocar, incluso, la ruptura de la pareja.

Trabajo interior o ruptura, ambas opciones son válidas.

A mi consulta llegan parejas inmersas en este tipo de crisis. Suele ser la madre la que viene, en pleno puerperio, removida por emociones que la superan y con quejas, más o menos explícitas sobre el comportamiento de su pareja. Yo intento implicar también al padre, siendo consciente de que el problema no es solamente de la madre. Les hago ver lo necesario de analizar su relación de pareja. Cada uno debe trabajar su propia historia para entender lo que les está sucediendo y tratar de buscar una solución equilibrada.

Mi objetivo no es salvar la relación a cualquier precio, como buscan muchas terapias de pareja. Esto supondría forzarles a mantener algo que, muchas veces, es insostenible. Lo que yo pretendo es que cada miembro de la pareja sea capaz de liberarse de las cargas que arrastra de su pasado, que puedan conectar con sus emociones y con su intuición sin dejarse llevar por ideas preconcebidas (que suelen ser las ideas inculcadas por los propios padres) sobre la crianza. Si, tanto el padre como la madre, se implican abiertamente en este trabajo, se produce un acercamiento en la pareja y una unión más auténtica que favorece el aprendizaje y el crecimiento mutuo. En la mayoría de las ocasiones es la madre la que muestra un verdadero interés por cambiar y ella es la única que se implica en la terapia. Esto provoca un distanciamiento cada vez mayor entre ambos miembros de la pareja que terminará con la separación definitiva.

En mi opinión, si la ruptura es inevitable, pero la crisis ha servido para sacar conclusiones sobre los errores cometidos, es inútil tratar de alargar la situación. Incluso, desde el punto de vista del bebé, en la mayoría de las ocasiones, la separación es preferible a seguir soportando un ambiente donde la tensión es insostenible. Soy consciente de que siempre es una situación muy dura para todos, pero una vez superado el duelo por las ilusiones perdidas, se podrá mirar hacia delante con una perspectiva mucho más clara. Con toda seguridad, el aprendizaje de la experiencia vivida servirá para que las relaciones futuras sean mucho más sanas y equilibradas.

UNA NUEVA PATERNIDAD

La paternidad ayuda a superar los esquemas dañinos de nuestra infancia.

No solamente crecen los niños. Los padres también crecen.
Igual que nosotros observamos para ver lo que hacen nuestros hijos con sus vidas, ellos nos observan para ver lo que hacemos con las nuestra.
No puedo contarles a mis hijos que alcancen el sol.
Lo único que puedo hacer, es tratar de alcanzarlo yo misma.
Joyce Maynard

Para las mujeres, la maternidad supone una oportunidad única de autoconocimiento. Durante los primeros meses y años de vida de sus bebés, las madres pasan por momentos y vivencias trascendentales, en los que las hormonas de la lactancia y del amor, y la quietud del hogar, propician que aparezca una vía de acceso directa hacia su inconsciente. En esos instantes especiales, las mujeres pueden conectar con recuerdos de su infancia que parecían olvidados y, además, se les abre la posibilidad de liberarse, por su bien y por el de sus hijos, de sus lastres emocionales. Si decide beneficiarse de esta circunstancia y hace caso omiso de las presiones y los errados consejos que reciba de familiares y profesionales, la reciente Mamá podrá encontrar la forma de modificar los dañinos patrones de pensamiento que quedaron instaurados en sus primeros años de vida. De esta manera, crecerá, madurará y será mucho más libre.

Nosotros, los padres, aunque a menor escala, también podemos aprovechar la paternidad para hacer una pausa en nuestra vida y mirar hacia dentro. Si de verdad nos implicamos en el cuidado de la madre y el bebé, y no optamos por refugiarnos en el trabajo como una manera de eludir responsabilidades, seremos capaces de identificar algunas reacciones negativas que hayamos aprendido durante las experiencias sufridas en nuestra propia infancia. Quizás nos sorprendamos diciendo o haciendo cosas que reconocemos de nuestros padres y nos prometimos no repetir con nuestros hijos. Podremos, entonces, buscar alternativas y cambiar esos patrones tóxicos por otros más sanos y maduros.

En un primer momento, pensé llamar a esta etapa "puerperio masculino", pero lo deseché inmediatamente, pues me parecía una osada intromisión en un mundo exclusivamente femenino. Aún estoy buscando un término adecuado. De momento, quisiera hablar de cómo aprovechar la paternidad para que se convierta, también para nosotros, los padres, en una época de crecimiento personal y de superación de esquemas negativos de nuestra infancia.

Uno no cría como quiere, sino como puede.

En primer lugar, habría que decir que no educamos como nos gustaría o como habíamos pensado antes de ser padres, sino como nos permiten los patrones de crianza interiorizados en nuestra infancia. Aunque nos cueste trabajo reconocerlo, la influencia de la educación que recibimos cuando fuimos pequeños tiene un peso enorme en la manera de educar a nuestros hijos cuando devenimos padres. Sin percatarnos, debido a nuestra corta edad y nuestra inexperiencia, de niños normalizamos, aunque fueran dañinos e incorrectos, muchos de los comportamientos, reacciones y actitudes que nuestros padres o abuelos emplearon con nosotros. Estos patrones nocivos, quedaron grabados con fuerza en nuestra memoria y, hoy en día, en momentos de máxima tensión y estrés, reaparecen. Quizás nos hayamos prometido no utilizar con nuestros hijos algunos gestos o palabras que sabemos que nos hirieron profundamente años atrás, pero la crianza siempre conlleva situaciones de desgaste emocional y agotamiento físico que, unidos a la falta de sueño, hacen saltar como un resorte aquello que juramos no repetir (un grito, un insulto, un golpe o un plato lanzado contra la pared).

Si no hemos realizado ningún proceso de introspección antes de ser padres, estaremos expuestos a la influencia negativa de la pesada carga de supersticiones, prejuicios y distintos tipos de maltratos que nuestros padres aprehendieron de nuestros abuelos. Si nos manipularon y coartaron nuestra libertad, tenderemos a hacer lo mismo con nuestros hijos. Si nos chillaron, se nos escapará el grito a la menor ocasión. Aunque no lo deseemos, cuando nos enfrentemos a situaciones de estrés, nuestras reacciones serán automáticas y difíciles de controlar. Por otra parte, suele ocurrir que tras estas circunstancias límite, aparezcan sentimientos de culpa por haber actuado de esa forma perniciosa.

Resulta de vital importancia, para nuestros hijos y para nosotros, que seamos capaces de aprovechar la paternidad para profundizar en nuestra realidad interior y realizar una limpieza auténtica de ese tipo de reacciones negativas. Sólo de esta forma maduraremos como persona y lograremos disfrutar libremente de nuestros hijos.

Un constante proceso de aprendizaje.

Como padre y como psicólogo, entiendo la paternidad como un aprendizaje continuo y una superación de los esquemas y prejuicios que asumimos en nuestra propia infancia como normales, aunque hoy en día sabemos que no los son. La llegada de un bebé a nuestras vidas debe servirnos para no dar nada por sentado y para cuestionarnos esas ideas preestablecidas que creíamos inamovibles. Podemos aprender mucho de nuestros hijos si los vemos como espejos en el que mirarnos. En ellos podremos ver nuestras luces, pero también nuestras sombras.

Veamos, a continuación, un sencillo esquema que nos puede servir como guía en nuestro proceso:

Identificar situaciones y emociones.

Si deseamos madurar en la paternidad, debemos estar muy atentos para identificar aquellas situaciones que nos turban en la crianza de nuestros hijos. ¿En qué momento del día te alteras con más facilidad?, ¿qué actitudes de tu hijo/a son las que te hacen perder el control?

Si, a lo largo de varios días, anotas en un cuaderno estos momentos en los que aparece la tensión, podrás obtener mucha información valiosa. Con toda seguridad, encontrarás circunstancias que se repiten, que te molestan y situaciones en las que te resulta muy difícil mantener el control.

Junto a cada apunte de tu cuaderno, debes describir la emoción que te provoca cada uno de esos instantes conflictivos.

¿Sientes impotencia, rabia, frustración?, ¿te da la sensación de que no te hacen caso?, ¿te preocupa la opinión de los demás?

Conectar con nuestra infancia.

Las emociones del presente son el hilo conductor que te puede ayudar a conectar con situaciones de tu pasado donde albergaste las mismas sensaciones. Si prestas atención y dejas flotar la memoria, podrás enlazar, entonces, con momentos de tu infancia en los que, aunque las circunstancias no fueran exactamente iguales, lo que sentías por dentro sí era muy similar a lo que percibes en la actualidad cuando tu hijo hace tal o cual cosa.

Éste es el momento de conectar con el niño que fuiste de manera honesta y preguntarte: ¿en qué circunstancia de tu infancia recuerdas emociones parecidas? ¿qué piensas de la actitud de tus padres o demás familiares?, ¿cómo te hacían sentir?, ¿cómo reaccionabas?

Seguramente, encontrarás que muchas de tus reacciones actuales tienen mucho en común con actitudes o palabras que tus padres tenían contigo cuando eras pequeño. Como hemos comentado con anterioridad, lo que vivimos de pequeños tiene mucha importancia y se queda grabado en nuestro interior como la forma natural de conducirse en la vida. De nuestros padres aprehendemos tanto lo positivo como lo negativo, por eso es tan importante realizar este trabajo de introspección para identificar y modificar, las actitudes de nuestro presente, asimiladas en nuestra infancia, que no nos gustan.

Aprendizaje para tu presente.

Una vez identificadas las sensaciones de cuando éramos pequeños, podremos situarnos con más facilidad en el lugar de nuestros hijos. Podremos comprender qué es lo que ellos están experimentando cuando nosotros nos enfadamos con ellos o les gritamos. Justo en esos momentos, tenemos la oportunidad de decidir la imagen que queremos transmitirles a nuestros hijos, los comportamientos y reacciones que nos gustaría que ellos aprehendieran de nosotros. Para llevar a cabo este complejo cometido puedes hacerte algunas preguntas: ¿hasta cuándo quieres seguir así?, ¿cómo quieres que tu hijo te vea?, ¿quieres que tenga el mismo recuerdo de ti que el que tienes tú de tus padres? Las respuestas que obtengas a estas cuestiones deben servirte de motivación para cambiar de actitud en el estilo de crianza de tus hijos.

Partiendo de todo lo que hayas podido aprender sobre tu propia historia, te será más fácil encontrar alternativas emocionalmente más sanas para tus hijos y podrás relativizar mucho más las situaciones que antes te alteraban. Si comprendes e interiorizas que los niños tienen su propia forma de ver el mundo y que su percepción del tiempo, del orden, y de la compresión de la vida es muy diferente a la nuestra, seguro que tendrás más paciencia y serás más indulgente con ellos.

Obviamente, este trabajo no sustituye a una terapia profunda de introspección, pero sí que puede ser un buen punto de partida, en el caso de que sea necesario. Puede que nos encontremos con ciertas actitudes repetitivas que nos cueste mucho trabajo cambiar, a pesar de que tengamos claro que eso fue lo que vivimos de pequeños y no queremos repetirlo con nuestros hijos.

Esas reacciones, junto con las emociones que sentimos en esos momentos, serán el hilo del que podamos ir tirando para profundizar en nuestro pasado y poder sanarlo. Mi recomendación, en estos casos, es buscar una ayuda profesional para indagar y limpiar los efectos negativos que determinadas experiencias pudieron tener en nuestra infancia.

Todo el trabajo de introspección que puedas hacer en la paternidad y todos bloqueos que puedas liberar de tu pasado te supondrán una maduración y crecimiento personal. Tú serás el primer beneficiado por este trabajo, pero no sólo lo haces por ti. Al romper las largas cadenas familiares de prejuicios y de maltratos, estarás liberando también a tus hijos de esa pesada carga. Ellos crecerán más libres y, a su vez, podrán criar a sus hijos de una forma mucho más sana y respetuosa. Gracias a tu esfuerzo, todos tus descendientes crecerán mucho más sanos emocionalmente e influirán con su ejemplo en todos los que estén a su alrededor. Poco a poco, la sociedad irá tornándose más respetuosa y pacífica, gracias a lo que tú puedas mejorar en tu experiencia de la paternidad.

UNA NUEVA PATERNIDAD

Padre antiguo, padre nuevo.

Desde hace años, acudo junto con mi mujer, Elena, a numerosas reuniones o actividades relacionadas con el embarazo, el parto, la lactancia y la crianza. Según he podido observar, con frecuencia, la mayoría de las mujeres asisten solas a este tipo de actos. Van embarazadas o llevan a sus hijos pequeños con ellas, sin embargo, a muy pocas se las ve acompañadas por sus parejas. A menudo, me pregunto dónde estarán los padres y por qué no acuden a estas reuniones en las que se habla de temas importantes relacionados con sus hijos. ¿Será posible que siga presente la vieja idea de que el padre sólo tiene que "poner la semillita" y, luego, dedicarse exclusivamente a trabajar para llevar el dinero a casa?

En alguna ocasión, le he preguntado a esas madres por sus parejas, tratando de hacer un mapa social de la paternidad actual. La mayoría me responden que ellos están muy ocupados trabajando y que no tienen tiempo para asistir a estos eventos. Evidentemente, es necesario un cambio en las condiciones laborales, para que el hombre tenga oportunidad de acompañar a su pareja a estas reuniones, pero me da la impresión de que muchos padres utilizan, consciente o inconscientemente, la excusa del trabajo para mantenerse al margen y no implicarse completamente en la crianza de sus hijos.

El padre antiguo.

Al devenir padres, las decisiones y actuaciones que tomamos sobre nuestros hijos se ven muy marcadas por las vivencias que experimentamos en nuestra propia infancia junto a nuestros padres, tíos y abuelos. Muchos padres jóvenes y, supuestamente modernos, siguen repitiendo roles, esquemas y actitudes que no corresponden a la época actual. Aún hoy en día, en pleno s.XXI, es frecuente observar cómo muchos padres delegan en la madre toda la responsabilidad de la crianza y la educación de los hijos, amparándose en viejas premisas como: "en eso, yo no me meto", "la educación es cosa tuya (refiriéndose a la madre)" o "yo me paso todo el día trabajando y ahora quiero descansar". Por desgracia, esta actitud desapegada sigue siendo muy frecuente, y está más extendida de lo que desearíamos. De hecho, no es raro toparse en libros, revistas y webs dedicadas a los bebés y la crianza, con recomendaciones que reflejan actitudes frías, distantes y autoritarias, similares a las de antaño. La siguiente frase esta extraída de un conocido portal sobre crianza:

> *"El padre es capaz de dar órdenes y disciplinar a los hijos con más firmeza que la madre, si el niño entiende que el padre se preocupa por su bienestar, se sentirá querido y acatará mejor las órdenes."*

Muchos pacientes que acuden a mi consulta me relatan relaciones de absoluta frialdad con sus padres. Relaciones basadas exclusivamente en la autoridad y la coacción, ejercidas, con frecuencia, sobre sus hijos a base de violencia y agresividad. Los padres de estos hombres, sólo se ocuparon de cubrir las necesidades básicas de alimentación y vivienda de su familia, y desatendieron a sus hijos en sus necesidades emocionales. Cuando mis pacientes hablan con ellos y les reprochan esta falta de atención, se excusan diciendo que estuvieron trabajando durante toda su vida para ponerles un plato caliente en la mesa. Estos padres, no son conscientes de las carencias emocionales con las que crecieron sus hijos a causa de su actitud desapegada y distante. Los niños necesitan algo más que ser alimentados para desarrollarse de forma sana y equilibrada.

Recuerdo el ejemplo muy gráfico de un paciente que le decía a su padre que ni él ni su hermano eran gallinas a las que únicamente había que echar comida de vez en cuando; eran niños que necesitaban un padre que estuviera presente, jugara con ellos y les apoyara emocionalmente, y no uno que les pegara, les despreciara y sólo viera lo "malo" que hacían.

Podemos pensar que este tipo de actitudes pertenecen al pasado y que son consecuencia de la pobreza y la ignorancia de épocas anteriores, pero por desgracia, muchos hijos fruto de este tipo de educación, siguen repitiendo con sus niños la misma conducta fría y distante que sus padres tuvieron con ellos. Con frecuencia, cuando estos niños criados en el desapego, a su vez, se convierten en padres, pasan todo el día fuera de casa, trabajando, sin ocuparse o preocuparse por la atención y el acompañamiento emocional de sus hijos. Las circunstancias han cambiado, pero la indiferencia y el desapego son exactamente los mismos. De hecho, si a algún niño se le ocurre protestar y reclamar más atención a sus padres, la excusa sonará muy parecida: "tengo que trabajar para pagar tu educación, tus clases particulares, tus actividades extraescolares, el tenis, el ajedrez, etc.". Al cabo, nos encontramos en los hijos los mismos sentimientos que antaño en sus padres, niños que se sienten solos, sin un padre que les acompañe, sin una palabra de ánimo en los momentos difíciles y sin nadie que confíe en ellos.

El padre moderno.

El hombre que selecciona la Naturaleza para proteger a sus cachorros humanos es el que se implica, de lleno, en el cuidado de su pareja y su bebé. Este hombre, canaliza toda su energía en su familia, no necesita, para reafirmarse, buscar otras compañeras sexuales. Además, este tipo de padre, asume su rol con naturalidad y se siente satisfecho y pleno en su papel de protector y sustentador emocional de su familia.

Todas las hormonas que influyen en la conducta parental (oxitocina, prolactina, vasopresina, etc.) apuntan a este tipo de hombre como el padre biológicamente evolucionado. De hecho, tanto su mente como su cuerpo, lo confirman. Cuando un padre está implicado en la crianza de sus hijos y en el cuidado de su pareja, baja su nivel de agresividad y disminuye su deseo sexual; incluso, las actividades de cuidado y atención de su familia le provocan, oleadas de hormonas de placer y bienestar. Estos hombres, emocionalmente, se sienten satisfechos en su papel de padre y además, suelen establecer fuertes y duraderos vínculos con sus hijos. De modo que, desde estas páginas, no estamos abogando por un modelo nuevo o artificial de paternidad, sino por un padre que conecte con su esencia más natural y se deje llevar por ella.

El que sí es un artificio, cristalizado tras miles de años de patriarcado es el modelo de padre "antiguo", el que sólo ponía la semilla y, luego, se volcaba en su trabajo sin volver a interesarse por el desarrollo emocional de sus hijos. Aquel hombre, que exigía a su mujer que le preparase la cena cuatro días después de que le practicaran una cesárea y que se iba al prostíbulo porque su pareja no le prestaba toda la "atención" que necesitaba, es una especie en vías de extinción que está dando sus últimos coletazos.

En nuestra sociedad de familias reducidas casi a la pareja y al bebé, el hombre debe ser un pilar para la madre, no puede seguir repitiendo modelos añejos y dañinos para todos. Debe ser un padre nuevo, liberado, cercano y comprometido con su familia. En contra de la idea reaccionaria de que esto le hará ser menos hombre, implicarse en el cuidado físico y emocional de los hijos, le ayudará a disfrutar mucho más de la paternidad.

El Padre que necesita reforzar su autoestima mediante el control y la imposición por la fuerza está caduco. En el fondo, ése es un hombre inseguro que necesita dominar a los demás para sentirse importante, para sentir que es alguien.

El padre de este nuevo paradigma es un hombre seguro de sí mismo, que se encuentra a gusto compartiendo las tareas del cuidado de la casa y del bebé con su pareja. No se ve amenazado por la mujer, sino que colabora con ella y la acompaña en el camino de la vida.

El nuevo padre debe comprender que el aspecto emocional es igual de importante que el físico y que los niños no sólo precisan alimento y cobijo, sino que, para crecer sanos y seguros de sí mismos, también necesitan un padre que pase tiempo con ellos, que se preocupe por cómo se sienten y que les apoye incondicionalmente en lo que hagan.

Un ejemplo personal

Me gustaría terminar este capítulo con un ejemplo personal, como muestra de que todo el tiempo que pasamos junto a nuestra pareja y nuestros hijos, supone una inagotable fuente de experiencias y satisfacción para los hombres.

En estos momentos de mi vida, podría dedicar más tiempo a pasar consulta, a escribir, a organizar conferencias, charlas o talleres, etc. Sin embargo, prefiero aprovechar la mayor parte del tiempo que tengo libre para estar con mi mujer y mi hija. Estos primeros años son irrepetibles y sé que, si me los pierdo, no los recuperaré jamás. Por supuesto, sigo pasando consulta y aprovecho algunos ratos de noche y de madrugada para escribir y preparar alguna charla y/o taller, pero mi prioridad es pasar con ellas todo el tiempo que pueda.

Estoy seguro de que tendré ocasión, más adelante, de dedicarle más tiempo a mi carrera profesional. Mientras tanto, no hay dinero ni reconocimiento suficiente para compensar el haber tenido el privilegio de compartir con mi hija experiencias como la que os cuento a continuación:

Adriana tenía poco más de tres años y le habían entregado una invitación para el segundo cumpleaños de su amiga Lys. Al llegar a casa, quiso agradecer la invitación mediante una carta y yo cogí papel y lápiz para copiar lo que ella me iba dictando. El resultado fue éste:

"Pequeña Lys, Otro día vamos a tu cumple. ¿Habrá chuches o no? Felicidades.

Otro día, pequeña Lys, te vamos a regalar una cosa.

Blaru blaru blaru. Cla cla cla.

UNA NUEVA PATERNIDAD

Que no haya chuches porque si no, me salen las "plis plas" duras. Quiero venir a tu cumple, ¿vale?"

Como dije antes, esto es algo que no tiene precio.

UNA NUEVA PATERNIDAD

EPÍLOGO

Mireia Long

Cada uno de los hombres que han participado en "Una nueva paternidad" es diferente, cada uno tiene una historia personal, vivencias, filosofía y carácter individual, pero todos tienen en común una enorme capacidad para abrir su corazón al niño que fueron y a los niños que son o serán sus hijos.

Cada una de las elecciones que hice al invitarlos a participar en este proyecto ahora se cuán acertadas fueron.

Han hecho lo que yo esperaba y más aún. Han dado la cara, como varones, como hombres completos, con sus miedos y sus sueños, con sus debilidades y sus alegrías.

Me han hecho sentirme como parte de una revolución imparable, la que va a conducir a los hombres a liderar, al lado de las mujeres, el gran cambio pendiente en la sociedad del mañana: el verdadero cambio, el de la revolución pacífica, la que solo puede nacer de los niños criados con amor y respeto.

No, las mujeres no podemos cambiar el mundo solas. Los necesitamos a ellos, a nuestros padres, hermanos, amigos, compañeros e hijos. Y ya han dado un paso al frente. Están dispuestos. Ha nacido una nueva paternidad y su papel en la Historia es imparable.

BIOGRAFÍAS

Armando Bastida Torres

Alejandro Busto Castelli

Álvaro Espejo Ruiz

Carlos Costa Portela

Elvis Canino

José Ernesto Juan Vidal

Mireia Long

Ramón Soler

Armando Bastida Torres

Armando es enfermero de pediatría en un Centro de Atención Primaria y editor del blog Bebés y más, donde ha escrito más de 1800 entradas relacionadas con la infancia, el embarazo, la maternidad, paternidad y, en definitiva, con todo lo que rodea el hecho de ser padre o madre.

Es padre de tres hijos, Jon, de 7 años, Aran, de 4, y Guim, que llegó en marzo de 2012 y siempre explica que su vida cambió el día en que Jon nació, pues su escala de valores dio un profundo giro que hizo que las cosas se ordenaran de manera lógica, en su sitio correcto. Ahora trabaja cada día para ser un mejor padre y para ofrecer a sus hijos algo que todos los niños merecen pero no todos los niños reciben: cariño y respeto, y para recibir de ellos, de sus hijos, las lecciones diarias que nos ofrecen y que muchos adultos no saben ver.

Es tan apasionado en su trabajo (el de ser padre) que disfruta hablando de niños y explicando algunos bocados de su vida para que otros padres puedan ver que las cosas se pueden hacer de muchas maneras y que no es siempre necesario caminar en frente de nuestros hijos, como si la crianza fuera una batalla continua llena de límites, sino que se puede caminar al lado, para que ser padre sea mucho más placentero y nuestros hijos crezcan en un clima de mayor confianza, devolviéndonos el mismo respeto y cariño que les damos.

Alejandro Busto Castelli

Alejandro nace en Montevideo, Uruguay, hace 47 años. Es pareja, padre, psicólogo y profesor por este orden. Está casado hace 12 años con Olga, también psicóloga y es padre de dos hijos humanos, de 6 y 4 años, Nicolás y Candela y de dos hijas perras, de 2 y 1 año, Zoé y Brisa.

Es cofundador y codirector del proyecto Psicología CEIBE de Madrid, España, un lugar de encuentro en torno a la crianza en positivo, y al desarrollo consciente de las personas. CEIBE abarca el asesoramiento y terapia para padres, madres y niños/as, la realización de conferencias, talleres, seminarios y encuentros para hombres y padres, todo ello en torno a la paternidad y al desarrollo de adultos y niños en libertad.

Desde hace 12 años es también profesor en empresas y universidad, formando profesionales en el mundo de las habilidades directivas. Bajo un prisma humanista, aborda temas como la comunicación emocional, la gestión de conflictos interpersonales, la creación de equipos de alto rendimiento, la creatividad, la motivación o la dirección de personas.

Alejandro cree firmemente en un mundo más justo, equilibrado y respetuoso con todas las formas de vida. Esa es su lucha diaria, cada vez que pisa un aula y cada segundo que acompaña el crecimiento de hijos…humanos y no humanos.

Elvis J. Canino O.

Nació en Caracas, Venezuela, el 22 de Julio de 1972. Músico por vocación. Sanador por herencia. Bloguero por convicción. Escritor por deber y Conferencista por amor. Actualmente en formación para doula con Auroramadre (Arte y ciencia de parir).

Se desempeña como Activista por el Respeto a la Infancia y el derecho a la vida. Actualmente trabaja como coordinador regional, Región Norte (Caracas, Vargas, Aragua, Carabobo, Yaracuy, Miranda, Guárico y Cojedes) para la Red Venezolana por la Humanización del Nacimiento (REVEHUNA), la cual persigue cambiar los paradigmas referentes a la forma de nacer y convertir el parto natural, sin violencia y con respeto en un servicio público disponible a cada habitantes del país, sin distinción de clase social o creencia. Además de defender la Humanización como factor determinante en la erradicación de la violencia de nuestra sociedad.

Creador en 2.009 de "No me maltrates, Soy un Niño". Proyecto destinado a sembrar conciencia respecto al maltrato infantil, sus consecuencias y su influencia en el caos y la violencia que impera en nuestro mundo.

Administra en Facebook, junto con su esposa Janeth Ivimas, "La Crianza con Apego es mi forma de cambiar el Mundo". Página que sirve de apoyo a miles de Mamás, papás, profesionales y demás que buscan como opción válida una forma amorosa de criar y tratar a nuestros niños. Allí plantean sus dudas y se dan apoyo y retroalimentación entre sí.

nomemaltrates.blogspot.com
FacebookPages/LaCrianzaConApegoEsMiFormaDeCambiarElMundo

UNA NUEVA PATERNIDAD

Carlos Costa Portela

Carlos nació en Moaña, Pontevedra, en 1972. Ha demostrado siempre curiosidad y una especial simpatía por todo lo no establecido, incluyendo la no escolarización y la crianza no violenta (incluso antes de pensar en tener hijos).

Profesionalmente es ingeniero superior de telecomunicaciones (realizó sus estudios en Vigo [Pontevedra, España]) y dedica su tiempo a construir sitios web amigables y útiles (tras una década en Pozuelo de Alarcón [Madrid, España], ahora sigue ejerciendo su profesión en su Moaña natal).

Inició la relación con su esposa Clara en 1993 y juntos (y junto con sus hijos) intentan construir un hogar que tenga como base el cariño, el respeto y la confianza; en esta construcción procuran alegrarse mucho de sus aciertos y aprender de sus errores, para así seguir creciendo sobre esas bases.

A raíz del nacimiento de su hijo Dani (2008) se ha volcado por completo en todos los asuntos relacionados con la crianza, y la ha convertido en su principal actividad.

Entre sus hobbies se encuentran, además de la informática, la lectura, el cine, la historia y la naturaleza.

Se puede contactar con él vía twitter (@ccosta) y escribe habitualmente en su blog "El cartapacio de Gollum".

elcartapaciodegollum.com

Álvaro Espejo Ruiz

Álvaro nació en Madrid, en 1971. Estudió magisterio en la Escuela de Magisterio Pablo Montesinos. No es padre y lo tiene difícil. Pero sí es hijo, un hijo criado y educado con amor que tiene muy presente la importancia de una educación respetuosa y recuerda a su padre cada día de su vida.

Es escritor ocasional de artículos de opinión en prensa digital y poeta. Es un lector empedernido y su inclusión en este proyecto representa la mirada del hijo adulto sobre su infancia y los sentimientos de un padre que no ha podido serlo pese a su gran deseo de ello.

Ha sido representante de Ecologistas en Acción de Pinto en la federación de Madrid. Vive en la sierra de Madrid, cerca de la Naturaleza, su gran pasión. Su labor actual se enfoca en el activismo del ecologismo social, en el que enfoca sus energías y del que está convencido es el medio para lograr un mundo más armónico y justo, para nosotros y las generaciones futuras.

Mireia Long

Mireia es madre, profesora y periodista. Licenciada en Historia y especializada en Antropología de la Crianza y la Educación, Pedagoga y Especialista en Comunicación. Coautora del libro "Una nueva maternidad", editado por OB STARE y coorganizadora del Congreso de Maternidad Multitarea realizado en Gandía en 2012 y que este año verá su segunda edición.

Madre homeschooler de un niño con altas capacidades, ha desarrollado una intensa labor formativa en los aspectos didácticos y pedagógicos de atención a la individualidad y el aprendizaje creativo.

Codirectora de la Pedagogía Blanca y de Mujeres Empoderadas, programas de formación para educadores, madres y padres, que desean tomar acción para conseguir cambiar el mundo desde el respeto y la empatía.

Editora y redactora en la revista online Bebés y más, la más leída de habla hispana, dedicada al mundo de la maternidad, la crianza y la educación, desde donde desarrolla una labor de divulgación desde hace cinco años. Como educadora profesional y madre homeschooler, su trayectoria ha incidido siempre en la necesidad de cambios profundos en el sistema educativo para responder a las necesidades de los niños.

Madre espiritual de "Una nueva paternidad" y coordinadora del equipo, invitó a cada uno de los autores teniendo en cuenta su calidad humana, su trayectoria personal o profesional y lo mucho que pueden aportar a la revolución paternal que se avecina.

Ramón Soler

Psicólogo, experto en Psicología Infantil, Pre y Perinatal, Autismo y TGD, Terapia Regresiva Reconstructiva, Hipnosis Clínica y Psicología de la Mujer (Embarazo, Parto, Puerperio, etc.). Escritor, Divulgador y Conferenciante.

Comenzó su andadura profesional trabajando con niños y adolescentes diagnosticados con trastornos del espectro autista y con adultos afectados por diferentes patologías y adicciones.

Desde hace 10 años, tras especializarse en Terapia Regresiva Reconstructiva, ha acompañado a cientos de personas en sus procesos terapéuticos, ayudándoles a comprender, trabajar y sanar sus historias personales. (regresionesterapeuticas.com)

También imparte, de forma regular, talleres y conferencias sobre Vínculo en el embarazo, Apego seguro, Educación Emocional en la Infancia y Crianza Respetuosa.

Desde 2009, junto con su pareja Elena Mayorga, se dedica a la divulgación de los beneficios del embarazo consciente, el parto natural, la crianza con apego seguro y a la denuncia de los diferentes tipos de maltrato en la infancia. Es codirector y coeditor de la revista on-line Mente Libre especializada en Psicología y Crianza Respetuosa. También participa como experto y como Padre en el blog dedicado a las Pérdidas Gestacionales y Perinatales Niños del Agua.

Es padre de Adriana (nacida en 2008) y de Luna (fallecida en 2012 en el 6º mes de gestación).

regresionesterapeuticas.com
mentelibre.es
ninosdelagua.blogspot.com.es

José Ernesto Juan Vidal

José Ernesto es papá comprometido desde hace 3 años y medio. Este Ingeniero de Telecomunicaciones está comprometido con la crianza de sus hijos de manera total, incluso es miembro fundador de la asociación de crianza Besos y Brazos con sede en Navalcarnero.

Los objetivos de esta asociación es prestar información sobre parto respetado, lactancia materna y crianza con apego a los futuros y actuales padres y madres.

Decididamente, la paternidad ha revolucionado completamente su vida, situándolo en una posición totalmente definida respecto a su paternidad. Defensor de devolver el parto a las mujeres y de la lactancia materna, es además practicante y "disfrutante" de colecho y porteo.

Se ha marcado un objetivo personal: cambiar el mundo desde la mirada de los niños. Para ello promueve actividades donde intenta conseguir difundir una nueva forma de crianza llegando al máximo número de personas posible.

Actualmente está en proceso de re-evolución personal intentando sanar su niño interior para conseguir ser el padre que necesitan sus hijos, intentando despojarse de sus corazas "aprendidas" para sobrevivir y encontrar su SER.

Decididamente, José Ernesto está tratando de encontrarse a sí mismo utilizando su paternidad para "salir del armario".

www.ingramcontent.com/pod-product-compliance
Lightning Source LLC
Chambersburg PA
CBHW070733160426
43192CB00009B/1419